Geschichten und Rezepte
aus der Toskana

Collection
Rolf Heyne

Brotsuppe & Bohnen

LORI DE MORI & JASON LOWE

COLLECTION ROLF HEYNE

Für unsere Eltern:

Dinah, Jerry, Jilly, Millie, Rufus und Tony

in Liebe und Dankbarkeit

Einleitung

Die Versuchung ist groß, die Toskana zu einer Postkartenidylle zu stilisieren: Olivenhaine, Weinberge und Waldlandschaften wie ein Flickenteppich vor einem Meer sanfter Hügel, steinerne Bauernhäuser im mediterranen Sonnenlicht – aber die Toskaner selbst entziehen sich dieser Idealisierung. Sie erinnern sich an die nicht allzu ferne Zeit, in der eine Mahlzeit nur aus *pane e companatico* – Brot und »etwas zum Brot« bestand.

Dieses unerlässliche »Etwas« waren *fagioli* (Bohnen) – *la carne dei poveri* (das Fleisch der Armen) – normalerweise getrocknete weiße Cannellini, über Nacht in einer alten Weinflasche in der Glut des Küchenfeuers gegart. Die bescheidene weiße Bohne – zubereitet mit einem Salbeizweig, einer Knoblauchzehe und ein paar Pfefferkörnern, in Suppen gestreut, auf geröstetes Brot gelegt und in Olivenöl getaucht oder zusammen mit zerkleinerten Tomaten gegart – war so alltäglich in der toskanischen Küche, dass die Toskaner vom Rest der Italiener den Spitznamen »Bohnenesser« bekamen.

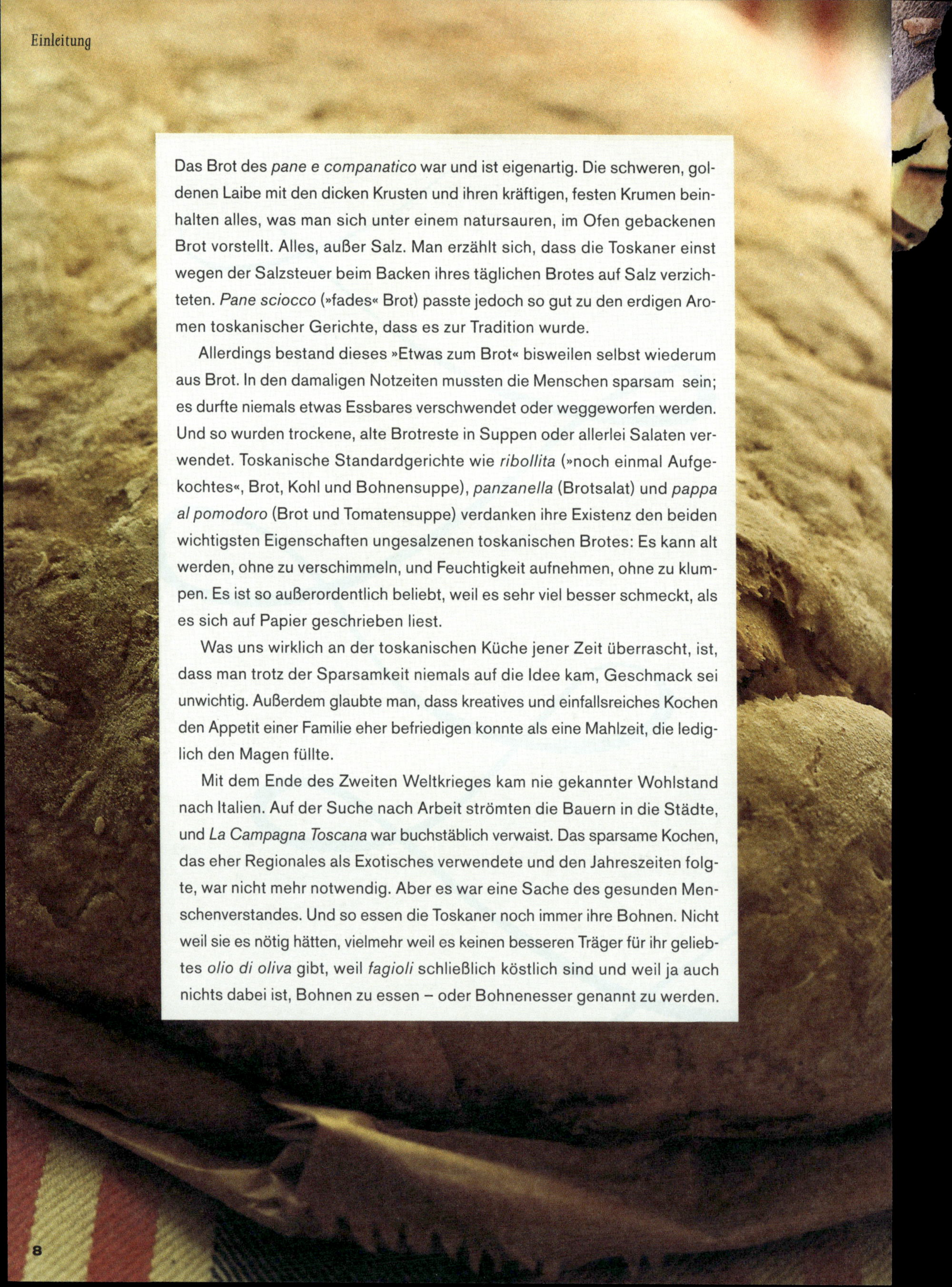

Das Brot des *pane e companatico* war und ist eigenartig. Die schweren, goldenen Laibe mit den dicken Krusten und ihren kräftigen, festen Krumen beinhalten alles, was man sich unter einem natursauren, im Ofen gebackenen Brot vorstellt. Alles, außer Salz. Man erzählt sich, dass die Toskaner einst wegen der Salzsteuer beim Backen ihres täglichen Brotes auf Salz verzichteten. *Pane sciocco* (»fades« Brot) passte jedoch so gut zu den erdigen Aromen toskanischer Gerichte, dass es zur Tradition wurde.

Allerdings bestand dieses »Etwas zum Brot« bisweilen selbst wiederum aus Brot. In den damaligen Notzeiten mussten die Menschen sparsam sein; es durfte niemals etwas Essbares verschwendet oder weggeworfen werden. Und so wurden trockene, alte Brotreste in Suppen oder allerlei Salaten verwendet. Toskanische Standardgerichte wie *ribollita* (»noch einmal Aufgekochtes«, Brot, Kohl und Bohnensuppe), *panzanella* (Brotsalat) und *pappa al pomodoro* (Brot und Tomatensuppe) verdanken ihre Existenz den beiden wichtigsten Eigenschaften ungesalzenen toskanischen Brotes: Es kann alt werden, ohne zu verschimmeln, und Feuchtigkeit aufnehmen, ohne zu klumpen. Es ist so außerordentlich beliebt, weil es sehr viel besser schmeckt, als es sich auf Papier geschrieben liest.

Was uns wirklich an der toskanischen Küche jener Zeit überrascht, ist, dass man trotz der Sparsamkeit niemals auf die Idee kam, Geschmack sei unwichtig. Außerdem glaubte man, dass kreatives und einfallsreiches Kochen den Appetit einer Familie eher befriedigen konnte als eine Mahlzeit, die lediglich den Magen füllte.

Mit dem Ende des Zweiten Weltkrieges kam nie gekannter Wohlstand nach Italien. Auf der Suche nach Arbeit strömten die Bauern in die Städte, und *La Campagna Toscana* war buchstäblich verwaist. Das sparsame Kochen, das eher Regionales als Exotisches verwendete und den Jahreszeiten folgte, war nicht mehr notwendig. Aber es war eine Sache des gesunden Menschenverstandes. Und so essen die Toskaner noch immer ihre Bohnen. Nicht weil sie es nötig hätten, vielmehr weil es keinen besseren Träger für ihr geliebtes *olio di oliva* gibt, weil *fagioli* schließlich köstlich sind und weil ja auch nichts dabei ist, Bohnen zu essen – oder Bohnenesser genannt zu werden.

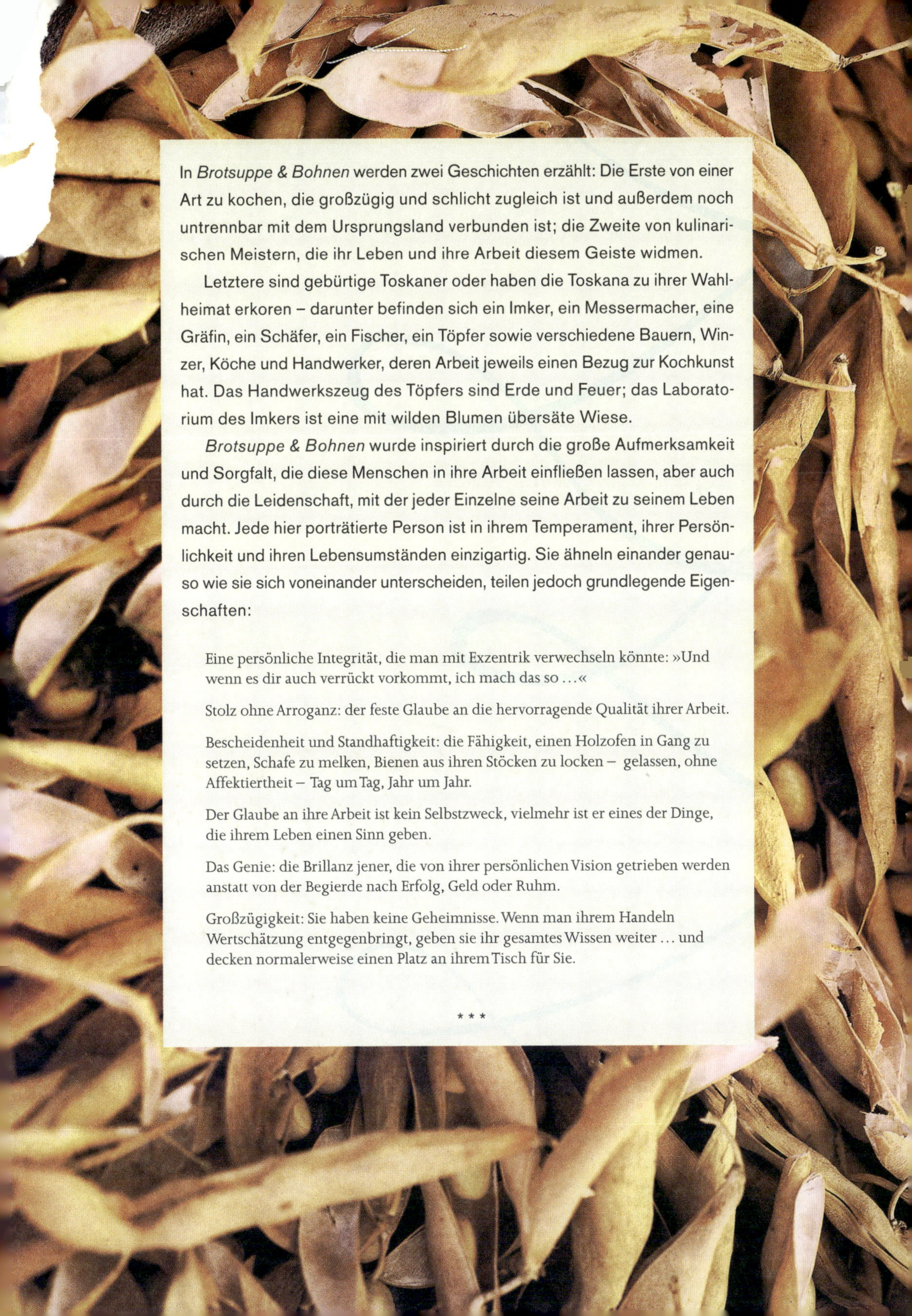

In *Brotsuppe & Bohnen* werden zwei Geschichten erzählt: Die Erste von einer Art zu kochen, die großzügig und schlicht zugleich ist und außerdem noch untrennbar mit dem Ursprungsland verbunden ist; die Zweite von kulinarischen Meistern, die ihr Leben und ihre Arbeit diesem Geiste widmen.

Letztere sind gebürtige Toskaner oder haben die Toskana zu ihrer Wahlheimat erkoren – darunter befinden sich ein Imker, ein Messermacher, eine Gräfin, ein Schäfer, ein Fischer, ein Töpfer sowie verschiedene Bauern, Winzer, Köche und Handwerker, deren Arbeit jeweils einen Bezug zur Kochkunst hat. Das Handwerkszeug des Töpfers sind Erde und Feuer; das Laboratorium des Imkers ist eine mit wilden Blumen übersäte Wiese.

Brotsuppe & Bohnen wurde inspiriert durch die große Aufmerksamkeit und Sorgfalt, die diese Menschen in ihre Arbeit einfließen lassen, aber auch durch die Leidenschaft, mit der jeder Einzelne seine Arbeit zu seinem Leben macht. Jede hier porträtierte Person ist in ihrem Temperament, ihrer Persönlichkeit und ihren Lebensumständen einzigartig. Sie ähneln einander genauso wie sie sich voneinander unterscheiden, teilen jedoch grundlegende Eigenschaften:

Eine persönliche Integrität, die man mit Exzentrik verwechseln könnte: »Und wenn es dir auch verrückt vorkommt, ich mach das so …«

Stolz ohne Arroganz: der feste Glaube an die hervorragende Qualität ihrer Arbeit.

Bescheidenheit und Standhaftigkeit: die Fähigkeit, einen Holzofen in Gang zu setzen, Schafe zu melken, Bienen aus ihren Stöcken zu locken – gelassen, ohne Affektiertheit – Tag um Tag, Jahr um Jahr.

Der Glaube an ihre Arbeit ist kein Selbstzweck, vielmehr ist er eines der Dinge, die ihrem Leben einen Sinn geben.

Das Genie: die Brillanz jener, die von ihrer persönlichen Vision getrieben werden anstatt von der Begierde nach Erfolg, Geld oder Ruhm.

Großzügigkeit: Sie haben keine Geheimnisse. Wenn man ihrem Handeln Wertschätzung entgegenbringt, geben sie ihr gesamtes Wissen weiter … und decken normalerweise einen Platz an ihrem Tisch für Sie.

* * *

Gianluca Paoli

Koch & Inhaber: Coco Lezzone

6.00 Uhr morgens in einer winzigen Küche im *Centro Storico* (historisches Zentrum) von Florenz, an der Kreuzung von Via del Parioncino und Via del Purgatorio (Fegefeuerstraße); Gianluca Paoli ist schon bei der Arbeit, wirft Bündel von Eichenkleinholz in einen uralten, schmiedeeisernen Ofen. Er ist der Einzige, der jetzt arbeitet – der Rest seiner Belegschaft wird nicht vor einer christlicheren Zeit, nämlich 9.00 Uhr, erscheinen.

Es scheint bedeutungslos zu sein, dass Paoli der Inhaber der berühmten Trattoria Coco Lezzone ist und als solcher vermutlich in der Lage wäre, das Aufwecken des rund 200 Jahre alten Ofens an jemand anderen zu delegieren. Oder, dass er eine schöne Frau und zwei *bambini* hat, die ihn beim morgendlichen Erwachen lieber bei sich zu Hause sähen. Er will die Aufgabe des Ofenanzündens aber nicht abgeben. »*Arista* (Schweinebraten) ist unser *piatto forte*«, er sagt das ernst und mit einer Ruhe, in der zu gleichen Teilen Bescheidenheit und Stolz mitschwingen. »Man muss ihn gleich am frühen Morgen anbraten, wenn der Herd richtig heiß ist, und dann langsam weitergaren, damit er zum Mittagessen fertig ist.«

Ich hatte schon ein Dutzend Mal im Coco Lezzone gegessen, als ich feststellte, dass überwiegend Paoli für die Zubereitung verantwortlich war. Es fällt kaum auf. Er beweihräuchert sich nie, und obwohl er in aller Frühe schon in der Küche steht, begrüßt er doch mittags seine Gäste im Restaurant persönlich. Er ist das Gegenteil eines Starkochs … Und das ist gut so. Die meisten Florentiner, die das versuchen, sind derart arrogant, dass man ihre Gerichte kaum hinunterbekommt, egal wie köstlich sie auch sind. Seine Unaufdringlichkeit erscheint eher gewollt als zufällig, sie zeigt, dass sich an diesem Ort alles um die Speise und nicht um ihn dreht.

Paoli beschreibt sich selbst als *cuoco* (Koch), nicht als Chef. »In meiner Familie kochen die Männer, nicht die Frauen. Sogar zu Hause. Meine Mutter kann kaum ein Ei braten – meine Frau auch nicht. Das Kochen habe ich von meinem Vater gelernt. Schon bevor er die Trattoria besaß, liebte er es, am Sonntag Mittag Freunde einzuladen. Bis zu 20 Menschen drängten sich um unseren Tisch herum. Wenn meine Mutter in Panik geriet, nahm er die Sache in die Hand und erledigte alles.«

Gianluca war 9 Jahre alt, als sein Vater Gianfranco 1970 die Trattoria einem Freund abkaufte. »Schon seit 300 Jahren werden auf diesem Grundstück Speisen und Wein

serviert«, erklärt er. »Um 1800 war es eine *mescita di vino,* die Fasswein und Kleinigkeiten zum Essen verkaufte. Das Fleisch wurde zum Trocknen an der Straße aufgehängt. Im Lauf der Jahre entwickelte sie sich zu einer ausgewachsenen Trattoria.«

Zufrieden mit dem Zischen und Knistern des Ofenfeuers geht Gianluca über die Straße zur Vorratskammer des Restaurants und zieht eine Schweinelende aus dem Kühlschrank. Zunächst schiebt er mit einem langen Holzlöffel eine Mischung aus zerkleinertem Rosmarin, Salbei, Knoblauch, Salz und Pfeffer in das Innere der Lende. Danach bindet er die *arista* – auch die Knochen – mit einem dicken Bindfaden zusammen, streut Salz und Pfefferkörner über die speckige Seite, übergießt alles mit Olivenöl und schiebt es in den Ofen. Dann geht er die Straße hinunter zur Bar und trinkt einen Espresso.

Das Wochenmenü des Coco Lezzone hängt an der Eingangstür und sieht so aus, als sei es auf einer alten Olivetti getippt worden, deren Bänder einmal ausgetauscht werden könnten. Zu den aktuellen *contorni* (Beilagen) zählen Erbsen. Dass ein Gericht aus den besagten *piselli* mehr kostet als der Rindereintopf, ist ein gutes Zeichen – das heißt, dass die Erbsen frisch sind und von Hand geschält wurden. Wenn Sie je eine Stunde damit zugebracht haben, einen Berg Erbsen in eine kleine Schüssel zu pellen, wissen Sie, was es heißt, dies für ein komplettes Restaurant zu tun.

Der Rest der Karte enthält alle Gerichte, die man in einer florentinischen Trattoria erwartet – Gerichte wie *pappa al pomodoro* (Tomaten und Brotsuppe), *trippa alla fiorentina* (in Tomaten gegarte Kutteln) und das mächtige *bistecca alla fiorentina.*

Links oben auf der Speisekarte stehen folgende Warnhinweise auf Englisch und Deutsch: »Das Klingeln von Mobiltelefonen stört die Zubereitung der *ribollita.* Dieses traditionsreiche Restaurant hat immer seine eigenen Regeln befolgt – wir führen keinen Kaffee, nehmen Reiseschecks und alle Auslandswährungen an, jedoch keine Kreditkarten.« Das macht neugierig. In Florenz gibt es zahllose Trattorien – aber die meisten bieten außer ihrem gewohnten Repertoire nur sehr wenig Abwechslung;

man hat aber nicht den Eindruck, dass es in dieser Stadt einem Restaurantbesitzer erlaubt ist, seine eigenen Gesetze zu machen. Die Florentiner sind ein Volk, das sich bei Antritt einer Reise eine Flasche Olivenöl ins Handgepäck packt und daheim nach vertrauten Aromen sucht. »Florentiner sind die schwierigsten Kunden. Sie wollen gut essen und wenig zahlen. Deshalb will ich, dass alles, was wir anbieten, außergewöhnlich ist. Traditionell, aber außergewöhnlich.«

Das ist kein leeres Geschwätz. Denken Sie zum Beispiel an florentinische Vorspeisen wie die kleinen Schalen mit Prosciutto, Salami in verschiedenen Geschmacksrichtungen und viele andere gepökelte Köstlichkeiten vom Schwein. Trattorien pökeln selten ihr Fleisch selbst. Ein ortsansässiger Bauer züchtet jedes Jahr ein paar Schweine für Paoli, aus denen dieser dann *sbriciolona* (eine weiche, krümelige Salami mit Fenchelsamen) und eine Pfeffersalami mit Schweinespeck herstellt. Da Paoli lieber einige wenige besondere Dinge als viele gewöhnliche produziert, bereitet er keinen Prosciutto zu, sondern macht aus dem Schinken Salami.

Die *bistecca* des Coco Lezzone ist eine Legende. Die Kochkunst wird ausschließlich auf einem Holzofen ausgeübt, daher die Bitte, im Voraus zu bestellen. »Niemand

macht Steaks wie wir«, sagt Paoli. Auf Italienisch hört sich das an wie eine poetische Wahrheitsverkündung: »*La bistecca come si mangia qui non si mangia da nessuna parte.*« Auf den Herd kommt es an. Das Problem bei der Fleischzubereitung über dem Holzfeuer besteht darin, dass Fett auf die Glut tropft, diese auflodert und das Fleisch verbrennt. Am Ende ergibt das einen rauchigen, bitteren Nachgeschmack, den wir *moccolaio* nennen. Unser alter Ofen zieht nicht so stark und darum passiert das einfach nicht.«

Am späten Vormittag geht es in der Trattoria geschäftig zu. Paolis Mutter Grazia ist angekommen, zierlich, ausgesprochen fröhlich und mit einer Schüssel voller Aprikosen, die sie von einem Baum in ihrem Garten gepflückt hat. Ihr Gatte lächelt von einem Schwarz-Weiß-Foto an der Wand zu ihr herab. Bis zu seinem Tod vor ein paar Jahren hat er in der Trattoria gekocht. Paolis Frau Cinzia kommt mit einem Fahrrad an, auf dem ihr zweijähriger Sohn Cosimo sitzt und in dessen Korb hellgelbe Blumen liegen, die sie in Sträußchen auf den Tischen verteilt.

Das Coco Lezzone umgibt eine schlichte, unaufdringliche Schönheit. In zwei kleinen Räumen im vorderen Bereich befinden sich dicke, weiße Kacheln und vergilbte Fotos illustrer Gäste – darunter Luciano Pavarotti und Prinz Charles. Der Raum im hinteren Bereich beherbergt Tische, die so groß sind, dass ganze Familien daran Platz nehmen können, und deren rot karierte Tischtücher mit weißen Servietten gedeckt sind. Die Wände sind in sattem, gediegenem Ocker gehalten, dessen Ton zur Toskana passt. Ein klobiger Holzschrank birgt reihenweise Bestecke, Servietten und Weingläser. Morgenlicht fällt durch die Fenster. Deckenventilatoren summen hoch oben. Der Ort hat den einfachen Reiz gewisser robuster Frauen mit breiten Hüften – die bequeme Schuhe tragen und deren sanfte, offene Gesichter den Wunsch wecken, wie ein Kind den Kopf in ihren Schoß zu legen. Hier finden Nützliches und Schönes einen Platz, und der so entstandene Eindruck ist durchaus reizvoll.

Während *nonna, mamma e babbo* in ihre jeweiligen Tätigkeiten vertieft sind, watschelt Cosimo, blonde Locken, stämmige Beinchen, blaue Lederschuhe, voller Neugierde von Raum zu Raum. Er zieht einen Holzstuhl vor die Durchreiche zur Küche, klettert darauf und sieht seinem Vater bei der Arbeit zu. Paoli ist groß und die schmale Küche erscheint viel zu klein für ihn. »*Caldo* (warm), *brucia* (heiß), *freddo* (kalt)«, verkündet Cosimo. Ich frage mich, was er wohl in 20 Jahren tun wird.

Um 12.45 Uhr trudeln die ersten Gäste ein – ortsansässige Geschäftsleute, Touristen, die sich für Gastronomie interessieren und auf der Suche nach typisch florentinischer Küche in eine der bekanntesten Trattorien der Stadt einkehren, und Stammgäste wie der hiesige Künstler Alfio Rapisardi, die einander mit Namen begrüßen.

»Die Menschen mögen heutzutage das Wort *immobilità* (Bewegungslosigkeit) nicht«, sagt Paoli. »Aber das ist der Begriff, der diesen Ort am besten beschreibt. Ich versuche, das Aroma und die kulinarische Tradition eines Florenz zu bewahren, das vor 100 Jahren existierte. Der Lohn besteht für mich darin, wenn jemand sagt: ›Das schmeckt genau wie die *pappa al pomodoro,* die meine *nonna* vor 50 Jahren gemacht hat.‹ Ein besseres Kompliment gibt es nicht.«

VIETATO FUMARE

ARISTA DI MAIALE
SCHWEINELENDE

FÜR 8 PERSONEN

12 Knoblauchzehen, fein geschnitten

4 zarte Rosmarinzweige (nur die Blätter), geschnitten

1 Handvoll Salbei, geschnitten

Meersalz und frisch gemahlener schwarzer Pfeffer

2,5 kg Schweinelende mit Knochen

60 ml Olivenöl

Den Ofen auf 250 °C (Gas Stufe 10) vorheizen (oder die höchste Einstellung, wenn Ihr Ofen für diese Temperaturen nicht ausgelegt ist).
Knoblauch und die Kräuter in eine Schüssel geben, großzügig mit Salz und Pfeffer abschmecken. Den Stiel eines langen Holzlöffels durch das weiche Innere der Lende stechen und ein 2 bis 3 cm breites Loch von einem Ende des Fleisches zum anderen bohren. Das Loch mit dem Knoblauch und der Kräutermischung füllen.
Das Fleisch mit den Knochen nach unten in einen Bräter legen, mit Olivenöl bestreichen, salzen und pfeffern. 30 Minuten im Ofen schmoren, dann die Hitzezufuhr auf 180 °C (Gas Stufe 4) verringern und so lange weiterbraten, bis keine Flüssigkeit mehr austritt, wenn man eine langzinkige Gabel ins Fleisch steckt, etwa 1 Stunde. Aus dem Ofen herausnehmen, in dicke Scheiben schneiden und servieren.

PAPPA AL POMODORO
TOMATEN- & BROTSUPPE

FÜR 6 BIS 8 PERSONEN

250 ml Olivenöl

3 Knoblauchzehen, zerkleinert

3 Lauchstangen, fein geschnitten

1 l Bratensoße (Rind und Huhn)

2 l pürierte italienische Dosentomaten

500 g Brot vom Vortag (vorzugsweise ungesalzen), grob geschnitten

1 gute Handvoll Basilikumblätter, zerkleinert

Meersalz und frisch gemahlener schwarzer Pfeffer

Natives Olivenöl Extra zum Besprenkeln

Olivenöl und Knoblauch in einem mittelgroßen Kochtopf erhitzen. Wenn der Knoblauch leicht gebräunt ist, den Lauch dazugeben. Sautieren und 20 Minuten weitergaren. Falls nötig Wasser hinzufügen, damit das Gemüse nicht anbrennt. Die Bratensoße und die pürierten Tomaten dazurühren und alles aufkochen lassen. Danach die Temperatur verringern und 30 Minuten leicht köcheln lassen.

Die Hitzezufuhr verringern und das Brot dazugeben. Mit einem Holzlöffel in die Flüssigkeit hineindrücken. Das zerkleinerte Basilikum unterrühren und nach Geschmack mit Salz und Pfeffer abschmecken. Alles 30 Minuten lang ruhen lassen. Die Suppe so lange kräftig durchrühren, bis sich eine breiige Konsistenz gebildet hat. Probieren und eventuell noch etwas nachwürzen. Mit dem Schöpflöffel auf Schüsseln verteilen, Natives Olivenöl Extra darüberträufeln und servieren.

PISELLI SGRANATI
ERBSEN MIT PROSCIUTTO

FÜR 4 PERSONEN

2 kg frische, junge Erbsen mit Schoten

1 gelbe Zwiebel, zerkleinert

100 ml Natives Olivenöl Extra

75 g italienischer Prosciutto, gewürfelt

Meersalz und frisch gemahlener schwarzer Pfeffer

Die Erbsen schälen und in eine Schüssel geben. Zwiebel und Olivenöl in einer mittelgroßen Pfanne bei niedriger Temperatur erhitzen, die Zwiebel ca. 10 Minuten anschwitzen und dabei ständig rühren, bis sie weich und glasig ist.
Erbsen und Prosciutto dazugeben, gerade so viel Wasser dazugeben, dass alles bedeckt ist. Je nach Größe der Erbsen zugedeckt für ca. 10 bis 20 Minuten garen, bis die Erbsen weich, aber nicht breiig sind. Zur Hälfte der Zeit mit Salz und Pfeffer abschmecken.

TIRAMISÙ
TIRAMISU

FÜR 8 PERSONEN

4 sehr frische, große Bioeier, getrennt

150 g Streuzucker

500 g Mascarpone

250 ml frisch aufgebrühten Espresso, abgekühlt

24 Löffelbiskuits

3 EL Kakaopulver

3 EL dunkle Schokoladenspäne

Die Eiweiß in einer sauberen, trockenen Schüssel mit einem Ballonschneebesen rühren, bis sich steife weiße Häubchen bilden.
In einer anderen Schüssel Eigelb und Zucker verrühren, bis die Masse eindickt und hellgelb wird. Langsam den Mascarpone dazugeben und weiterrühren, bis die Mischung glatt und cremig ist. Mit einem großen Metalllöffel vorsichtig das Eiweiß unterziehen und die Schüssel beiseitestellen.
Den Espresso in eine flache Schüssel gießen. Nacheinander die Löffelbiskuits ein paar Sekunden lang in den Kaffee tauchen, sodass sie feucht, aber nicht durchnässt sind, und in eine mittelgroße rechteckige Schale geben. Diesen Vorgang so lange wiederholen, bis der Schalenboden bedeckt ist und die Löffelbiskuits eine gleichmäßige Schicht bilden. Dann mit der Hälfte der Mascarponemischung bedecken und eine zweite Lage Löffelbiskuits darauflegen. Die restliche Mascarponemischung darübergießen und mit Kakaopulver und Schokoladenspänen bestreuen. In den Kühlschrank stellen und gut gekühlt servieren.

Roberto Ballini

Imker

Roberto Ballini war nicht immer Imker auf der Insel Elba. In seiner Jugend war er Profiradfahrer, und sogar noch jetzt, mit über 60, ist er athletisch gebaut. »Bei den Rennen nahmen wir zur Energieversorgung Honig zu uns«, erklärt er, während er ein kleines Glas unter ein Fass mit Rosmarinhonig hält und das Ventil öffnet. »Manche Menschen nehmen Zucker, aber der taugt nichts. Honig ist ein reines, natürliches Lebensmittel ... das genaue Gegenteil von Raffinadezucker. *Il miele è genuino.*«

Das italienische Wort für Honig – *miele* (gesprochen »mie-elle-eh«) – ist eher eine Lautmalerei, die an Süße erinnert, es fließt und klebt ein wenig im Mund, genau wie das Produkt, das es beschreibt. *Genuino* ist noch einmal etwas ganz anderes. Die Übersetzung »rein« wird dem in der Toskana verwendeten Wort nicht gerecht; dieses weckt Gedanken an Reinheit, Schlichtheit, Gesundheit und Echtheit. Traditionell hergestellter Wein (d. h., nicht in Holz gelagert, nicht aus ausländischen Trauben) ist *genuino*; so ist es auch beim Honig von Bienen, die an den süßen Herzen von Wildblüten kosten.

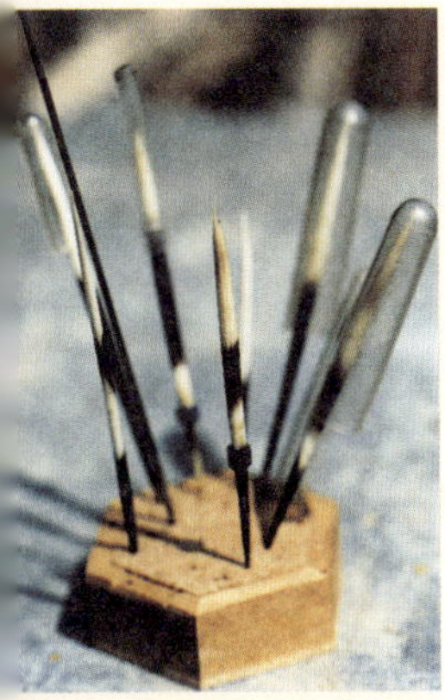

Ballini selbst ist das Urbild der *genuinità*. Seine gebräunten Arme sind nackt und in seinen Hosentaschen stecken eine Feder und eine Stachelschweinborste (beides Werkzeuge für die Königinnenzüchtung). Momentan trägt er weder einen Imkeranzug noch eine Kopfbedeckung. Ich habe gehört, dass Bienenstiche gesund seien, und frage ihn, ob er zustimmt. *»Ma«*, antwortet er zweifelnd mit hochgezogenen Augenbrauen. »Ich wurde schon tausendmal gestochen und habe doch überall Zipperlein.«

Das Imkergewerbe ist in Italien weit verbreitet, aber nur die Insel Elba ist berühmt für ihre üppigen Wildblumen. Im Frühling sind ihre Hügel und Landzungen mit Rosmarin, Mariendisteln, Lavendel, Fenchel, Knoblauch, Borretsch, Heidekraut, Hagedorn, Eukalyptus, Myrte, Malve und tausend anderen wilden und blühenden Gewächsen überzogen. Ballini ist der Meinung, dass es keinen besseren Ort für die Bienenzucht gibt – oder für die Zucht von Königinnen.

Wir besichtigen die Imkerei von Roberto Ballini, die auf den Hügeln über dem Dorf Cavo, im Nordosten der Insel steht. Das Meer glitzert klar und blau in der Ferne. Möwen gleiten durch den strahlenden Himmel, und die Luft hängt voller zimtähnlicher Aromen, blühendem Buschwerk und Bäumen. Hölzerne Bienenstöcke stehen auf halbhohen Podesten unter Obstbäumen, immergrünen Eichen und Wildblumen.

Man hört das gleichmäßige Summen der Bienen schon, bevor man sie sieht. Sie haben weit mehr Interesse am Sammeln von Süßem als daran, uns wehzutun. »Sie lieben *cisto*«, sagt Ballini und deutet auf die Heideröschen. »Sie suchen Pollen, keinen Nektar«, erklärt er. Bienen produzieren Honig aus Nektar, sie brauchen aber den Pollen als Proteinquelle. Manche Menschen halten Bienen nur, damit sie ihre Pflanzen bestäuben«, fügt er hinzu und weckt Erinnerungen an den Naturkundeunterricht in der Grundschule – Stempel, Staubgefäße, Ökosysteme und das Zusammenwirken aller Dinge. »Manchmal schlafen die Bienen mit ihren Köpfen in den Blüten ein – als ob sie betrunken wären.« Er deutet auf die behaarte Gestalt einer Biene, die es sich auf einer *cisto* bequem gemacht hat.

Ballini ist umsichtig wie ein Wissenschaftler, hat die Beobachtungsgabe eines Naturforschers und ist wie ein Kind begeisterungsfähig und neugierig. »Es reicht nicht aus, dass ein Stock guten Honig produziert: Die Bienen müssen sich an Klimaveränderungen anpassen, widerstandsfähig gegenüber Krankheiten sein und den Stock gut versorgen können.« Jedes Jahr entdeckt er etwas Neues an den Bienen – Dinge, die er in Wissenschaftsmagazinen nie findet. »Vergangenes Jahr sah ich, wie eine Biene sich am Rücken kratzte. Sie sah aus wie ein kleiner Schlangenmensch! Das hatte ich noch nie zuvor gesehen. Das könnte enorme Folgen haben.« Honigbienen, erzählt er mir, leiden unter Milben. »Es ist, als ob sie mit Schildkröten auf dem Rücken herumfliegen.« Er vermutet, dass Bienen ihre Milben abstreifen könnten, wenn ihre Beinchen so beweglich wären, dass sie damit ihren Rücken erreichen könnten.

Seine neueste Entdeckung findet Ballini noch aufregender. Wir gehen hinüber zu einem der Bienenstöcke. »Mit etwas Fantasie kann man sich in eine Welt versetzen, die man normalerweise nicht entdecken würde«, sagt er und zieht ein Holzbrett hervor. Es ist eine Honigwabe, auf deren sechseckigem Geflecht es von Bienen wimmelt. »Jetzt schau dir das an. Nicht erschrecken.« Er atmet ein, hält für einen Augenblick die Luft an und stößt dann ein hohes »Aieee!« aus. Jede einzelne Biene erstarrt wie ein vom Scheinwerferlicht geblendetes Reh. Nach einem Moment geht die Arbeit ihren gewohnten Gang. »Ich habe keine Ahnung, warum sie das tun, bin aber sicher, dass es einen Grund dafür gibt. Meine Kinder glauben, ich sei total verrückt.«

Ballini begann erst vor 15 Jahren mit der Aufzucht von Königinnen, aber es ist seine größte Leidenschaft. Er holt seine Imkerausrüstung – sie sieht aus wie eine gelbe Regenjacke mit einem Hut, an dem ein Netzschleier befestigt ist – und bittet uns, Abstand zu halten. Er zündet ein Stück Pappe an, steckt es in einen kleinen Blasebalg und bläst etwas Rauch in eine der Kisten. Dann hebt er vorsichtig den Holzrahmen heraus, auf dem sich zwei Reihen mit Bienenlarven in unterschiedlichen Entwicklungsstadien befinden.

Er winkt uns zu sich herüber und staubt die erdnussförmigen Zellen mit einer Feder ab. Mit einer Stachelschweinborste macht er mit absoluter Konzentration etwas, das er *traslavo* nennt. Ich bin nicht ganz sicher, worum es sich handelt und in meinem Lexikon findet sich auch kein Begriff dafür. »Hab nur eine verloren«, sagt er, während er den Rahmen wieder in die Kisten gleiten lässt. *»Ho lavorato bene.«* Er lobt sich nicht selbst – ist einfach nur zufrieden mit seiner guten Arbeit.

Diese Woche versendet er fünf Königinnen nach Frankreich. Sie sind bereits für den Transport in verschiedene kleine Kisten verpackt, und jede wird von Arbeitsbienen begleitet. »Ich habe viele Bücher über die Imkerei gelesen, aber das meiste habe ich durch schlichtes Beobachten der Bienen gelernt. Es stimmt, was man sagt – *dove mette la mano, l'uomo fa sempre danno.*« Der Mensch zerstört alles, was er anfasst. »Die Bienen wissen, was sie tun; ich versuche einfach, nicht zu stark einzugreifen.«

Ballinis Honige

Wer nur das blasse, dünnflüssige Zeug kennt, das man abgepackt in zweitklassigen Hotels oder abgefüllt in Plastikflaschen in Bärenform bekommt, wird über Ballinis Honige staunen.

Schließlich wird Honig aus süßem Blütennektar hergestellt – gesammelt von Bienen, die in ihre Stöcke zurückkehren und ihre Ausbeute in die Mäuler junger Arbeitsbienen würgen, die wiederum den Nektar in den sechseckigen Waben des Stocks deponieren und die ganze Alchimie durchführen, die nötig ist, um die Umwandlung zu Honig zu vervollständigen.

Nektar ist nicht immer gleich – jeder hat sein eigenes Aroma, seinen eigenen Geschmack und seine eigene Beschaffenheit. Aus jedem entsteht ein anderer Honig. Und obwohl einige Blütengewächse wie Honig riechen, ist es umgekehrt nicht so: Heller, zarter Rosmarinhonig erinnert überhaupt nicht mehr an die Ursprungspflanze.

Wo die meisten Menschen Zucker verwenden, benutzt Ballini Honig. Er befürwortet den neuesten Trend toskanischer Gastronomen, aus der Region stammenden, reifen Ziegenkäse mit schweren, kräftigen Honigen wie *castagno* (Kastanie) zu kombinieren.

***MILLEFIORI*/WILDBLÜTEN** Ist wörtlich zu verstehen – tausend Blüten. Das Aroma ist in jeder Saison anders. Ein perfekter Allzweckhonig.

***ROSMARINO*/ROSMARIN** Ballinis Lieblingssorte – Der wilde Rosmarin von Elba brachte ihn schließlich erst auf die Idee, Imker zu werden. Klar, hell, süß und von köstlichem Aroma.

***CASTAGNO*/KASTANIE** Ein Honig für Kenner – zu stark für Feiglinge. Dunkelbraun, flüssig, weich und von karamellähnlicher Konsistenz.

***ERICA*/HEIDEKRAUT** Bernsteinfarbener, kristallisierter Honig, der aus der mediterranen Baumheide hergestellt wird.

***CORBEZZOLO*/ERDBEERBAUM** Trüber, graugrüner, zarter Honig, karamellartig und mit einem starken, bitteren Nachgeschmack. Eine Rarität.

***LAVANDA*/LAVENDEL** Süß duftend, hell, golden und köstlich.

***EUCALIPTO*/EUKALYPTUS** Schwerer, bernsteinfarbener Honig, mit einer Spur von Balsam und Mineralsalzen.

***MELATA*/BAUMHARZ** Honig aus dem Saft bestimmter Bäume und nicht aus Nektar; von der Farbe dunklen Sirups, reich an Mineralien und leicht malzig im Geschmack.

***CARDO*/DISTEL** Ein seltener Honig mit einer rötlichen Bernsteinfarbe, intensiv nach Gewürzen duftend.

***ELICRISO*/STROHBLUME** Ballinis am stärksten umstrittener Honig. Die Pflanze riecht nach der destillierten Essenz der *macchia mediterranea*. »Wir haben Honig produziert, dann sagten uns Wissenschaftler, dass Bienen keinen Honig aus Strohblumen machen könnten, weil diese gar keinen Nektar hätten.« Ballini produziert ihn immer noch, obwohl er bei meinem letzten Besuch nicht vorrätig war.

PECORINO, FICHI E MIELE DI CASTAGNO
PECORINO, FEIGEN & KASTANIENHONIG

Schneiden Sie ein Stück alten Schafskäse in Stücke und halbieren Sie eine Handvoll reifer Herbstfeigen. Mit Kastanienhonig und Rotwein servieren.

Salvatore & Giovanni Cannas

Schäfer und Käsemacher

Salvatore Cannas ist schon seit seinem sechsten Lebensjahr Schäfer. Er sieht aber absolut nicht aus wie 70. Er wirkt kräftig – nicht wie ein Gewichtheber, aber vital und lebendig – wie aus einer Werbung für die Vorzüge eines Lebens im Freien zwischen Bergen, Feldern und Tieren. »Mein Vater wollte nie, dass ich aus Sardinien fortgehe«, sagt er, während er ein Metallgitter entriegelt und beiseitetritt, damit die Schafherde zum ersten von zwei täglichen Melkvorgängen in die Scheune strömen kann. »Er meinte, wir hätten genug – etwa 300 Schafe, ein wenig Land, ein vernünftiges Auskommen.«

Von ein paar wenigen Nachzüglern und Lämmern abgesehen, die am Rande herumtollen, bewegen sich die Schafe wie ein einziges, zottelhaariges, blökendes und vielbeiniges Tier vorwärts. Ein weiteres Gatter schnappt auf, und die ersten Tiere an der Scheune marschieren brav in den Melkraum, stecken die Köpfe in den Futtertrog und halten ihre Euter zum Melken hin. »Ich habe meinen Vater gebeten, mit mir zu kommen. Er dachte nicht einmal daran.«

Wir gehen aus der Scheune hinaus in den blendend hellen Frühlingsmorgen. Der Hof der Cannas, Podere Lischeto, liegt an einem außergewöhnlichen Flecken, der

ländlich und lebhaft zugleich ist. In diesem Teil der Toskana sind die Konturen der Hügel wie von einer anderen Welt, als ob die Erde hier anderen geologischen Kräften unterworfen wäre als der Rest des Planeten.

Zum ersten Mal sah ich den Bauernhof im Winter, als die Felder gepflügt waren und brachlagen. Es ist eine windumtoste, größtenteils baumlose Landschaft, die sich unterhalb der Steinwände von Volterra wie eine große Schüssel ausdehnt. Im Frühling ist der Hof idyllisch verträumt: Weiden mit grüner Gerste, Hafer und Klee; dazu flitzen Herden ungeschorener Schafe kreuz und quer durch die Gegend, man hört das Bimmeln von Glöckchen und das Blöken von Lämmern.

»*È un miracolo di Gesù Cristo che ho avuto questo posto*«, sagt Salvatore. Es ist tatsächlich wie ein Wunder, dass er mit 26 mit einer kleinen Herde in einem Boot von Sardinien nach Rom aufbrach und es schließlich im Herzen der Toskana zu einer ansehnlichen Biokäserei, einem Bauernhof und einem *agriturismo* gebracht hat.

Es ist schon merkwürdig, dass der Großteil der Milch für den beliebtesten Käse der Toskana, Pecorino aus Schafsmilch, von den Herden ortsansässiger Schäfer kommt, die aus Sardinien stammen. Sie kamen in den 1960er-Jahren, als die Bauern von der Großstadt und der Industrie weggelockt wurden und die Gegend buchstäblich verwaist zurückließen. Ackerland und Bauernhäuser (die heute ein Vermögen kosten) waren sehr billig. Viele Schäfer zogen nie mehr fort. Sie heirateten, gründeten Familien und wurden, wenn auch nicht ganz Toskaner – wie Salvatore Cannas – ein Teil des Landes.

* * *

Ich wusste, dass Salvatores Sohn Giovanni Käse herstellt – sein berühmter Bio-Pecorino hat mich überhaupt erst hierher geführt –, aber ich wusste nicht, dass er nie ein *casaro* werden wollte. »In meiner Jugend war ich eine Weile Schäfer, aber das ist eine schwere Arbeit für einen jungen Mann«, erklärt er. »Kein freier Tag. Immer in der Morgendämmerung aufstehen.« Giovanni hat eines dieser unwiderstehlichen Gesichter: schwere, schwarze Augenbrauen, die imposante Nase seines Vaters, das zu einem allmählich ergrauenden Pferdeschwanz gebundene Haar, ein Lächeln, in dem Melancholie mitschwingt. Er hätte ein Charakterdarsteller werden können.

»Mir gefällt die Vorstellung, Schäfer zu sein«, sagt er. »Es ist poetischer, philosophischer. Du hast eine Beziehung zu den Tieren – du kennst sie alle.« Zu dieser Tageszeit geht es in der Molkerei hektisch zu. Ein *casaro* zieht einen langen Zinken durch milchig weißen Quark. Ein anderer leitet literweise sprudelnde Molke über einen Plastikschlauch in Bottiche. Auf einem Tisch liegen frische Käselaibe. Im nächsten Raum wäscht jemand den wollartigen grauen Schimmel vom jungen Käse. »Schimmel ist gut«, erklärt Giovanni. »Der Käse lässt Feuchtigkeit austreten. Das kann man nicht künstlich beschleunigen oder unterdrücken, ohne den Käse zu beeinträchtigen.«

Warum hat er mit der Produktion von Pecorino angefangen? »Es machte mich traurig, dass mein Vater das Ergebnis seiner Arbeit nie zu Gesicht bekam. Jeden Tag kam ein Lastwagen und holte die Milch ab. Das war's.« Als Kind beobachtete Giovanni seine Großmutter, wie sie Käse machte. Sie legten beide ihre Hände auf den frischen

Laib Käse, »damit die Molke heraustritt.« Sie sagte, dass aus ihm ein guter Käsemacher werden würde, weil er mit *mani calde* – warmen Händen – gesegnet sei.

Wir folgen Giovanni in den Keller – kühl und modrig, Käse aller Reifungsstufen akkurat aufgereiht. »Ich begann, meinen Käse wegzugeben – oft an Diskotheken an der Küste. Dort verbrachte ich damals gerne meine Zeit, daher schienen sie für den Anfang gut geeignet zu sein.« Bald versorgte er einen ganzen Küstenstreifen der Toskana mit Pecorino. Heutzutage engagiert er sich für wohltätige Ideen, nimmt am Resozialisierungsprogramm eines Gefängnisses teil und an *la Fattoria Didattica*, lädt Schulkinder auf den Bauernhof ein und liefert Biokäse an Schulen.

Als er sich ernsthaft entschied, die Käseherstellung zu seinem Beruf zu machen, überzeugte Giovanni seinen Vater, auf *biologico* (biologisch) umzustellen. »Anfangs wollte ich nicht«, sagt Salvatore, der uns auf den Innenhof gefolgt ist. »Ich hatte immer auf Masse abgezielt. Aber ich wusste, dass ich, wenn ich Giovanni beteiligen wollte, ihm freie Hand geben und seinen Weg gehen lassen musste.« Er schenkt seinem Sohn ein väterliches Lächeln. »Aber er hatte recht – die Milch ist besser geworden und das Land auch.« Das Futter für die Tiere wird auf dem Hof angebaut, und wir haben eine Fruchtfolge, sodass der Boden nicht ausgelaugt wird.

»*Rimanete a pranzo*?« Wir sind zum Mittagessen eingeladen, und Giovanni fügt noch zwei Plätze zu den 35, die schon im Esszimmer des *agriturismo* gedeckt sind. Er holt ein Holzbrett, auf dem hausgemachter Prosciutto und eine Auswahl derjenigen Käsesorten liegen, die wir gerade im Keller gesehen haben.

Der *Balze Volterrane*, dessen Rinde mit Olivenöl und Eichenasche eingerieben wird, besitzt den grasähnlichen, angenehm bitteren Beigeschmack von Rohmilch und dem Lab der wilden Artischocke, aus dem er hergestellt wird. »So hat guter Schafskäse früher einmal geschmeckt«, erklärt Giovanni. »Dieses Aroma ist durch die Technologisierung verloren gegangen. Heute ist dieser Geschmack auf dem Markt sel-

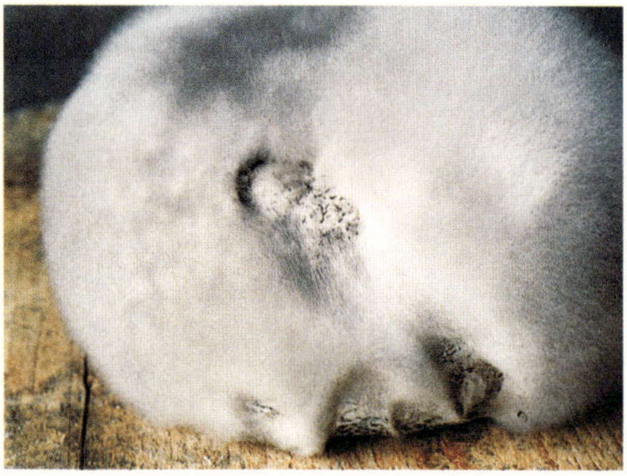

ten. Nicht jeder mag ihn.« Die aus pasteurisierter Milch hergestellten Käsesorten von Podere Lischeto, wie *Rosso Volterrano* (*rosso* wegen der roten Tomatenpaste, mit der die Rinde eingerieben wird) sind in der Tat weicher und schmackhafter. Anders, nicht unbedingt besser oder schlechter. Toskanischer Pecorino reift nie so lange, dass er zu Reibekäse wird (wie Pecorino Romano), die besten aber lagern so lange, dass sie den edelsten Weinen der Toskana ebenbürtig sind. Giovanni macht uns besonders auf den *Cacio del Monsignore* von Lischeto aufmerksam. Der strohgelbe Käse reift bis zu einem Jahr in alten Weinfässern, die mit ungeschältem Dinkel befüllt sind. Dann ist er vielschichtig wie ein Rohmilchkäse mit einem klaren, pikanten Biss.

Zu diesen Käsesorten gehören geschmorte Paprikaschoten, Tomaten, würziger Rucola, *baccellone* (ein milchig weißer, junger Pecorino) und Saubohnen mit Schoten. Saubohnen sind in der Toskana als *baccelli* und anderswo als *fave* bekannt. Während man sie im restlichen Mittelmeerraum ein wenig wie Erbsen behandelt, sie sowohl frisch als auch getrocknet verwendet, meist aber gekocht, bevorzugen die Toskaner den Verzehr junger und zarter Bohnen direkt aus der Schote – zusammen mit einem frischen, runden Pecorino. Bei dieser Kombination geht es nicht in erster Linie um Geschmack (frisch, herb und leicht bitter), vielmehr um die Abfolge der Jahreszeiten, an die sich die Toskaner gewissenhaft halten. Im Winter verzehren sie Lebensmittel wie Kohl und Kürbis. *Pecorino e baccelli* ist ein Vorbote des Frühlings.

Als Nächstes kommen *gnudi* – »nackte« Ravioli ohne Teig. Sie werden in der Toskana meistens aus Spinat und Ricotta zubereitet. In der Küche von Lischeto verwendet man nur Ricotta, und die *gnudi* werden mit Hammelragout übergossen. Als Hauptgericht gibt es gebratenes Lamm – mit so kleinen Knochen, dass ich mich fast schäme, es zu essen. Oft verschließt man die Augen davor, dass wir uns von etwas einst Lebendigem ernähren. Aber auf einem Hof – sogar einem solchen wie Podere Lischeto – ist man nicht sentimental. Stattdessen gibt es etwas sehr viel Wertvolleres: Ehrlichkeit, Integrität und einen beständigen Respekt – nicht nur gegenüber den Familienbanden, auch gegenüber dem Wohl des Landes und der Geschöpfe, die darauf leben.

PEPERONATA
GESCHMORTE PAPRIKA

3 bis 4 Paprikaschoten halbieren, das Innere und die Kerne entfernen. Dann in lange, breite Streifen schneiden. Mit einem großzügigen Schuss Olivenöl in einen Topf geben und ein paar Minuten auf kleiner Flamme sautieren. Etwas Wasser dazugeben, salzen und zugedeckt bei geringer Hitzezufuhr kochen. Ab und zu umrühren, damit die Paprikaschoten weich, aber nicht breiig werden. Ausreichend für 4 Personen.

PECORINO E BACCELLI
PECORINO MIT SAUBOHNEN

Kaufen Sie möglichst frische, weiche Saubohnen. Bohnen mit verwelkten oder vertrockneten Stängeln taugen nichts. Beim Öffnen sollte das Innere der Schoten hellgrün und flauschig sein, die Bohnen aber nicht so groß, dass man sie schälen muss. Kaufen Sie ein Stück jungen Frühlings-Pecorino. Schütten Sie die Bohnen in eine Schüssel, schneiden Sie den Käse in kleine Stücke, garnieren ihn mit Olivenöl und gemahlenem schwarzen Pfeffer. Als Alternative können Sie auch einfach die Bohnen und den Käse mit einem Laib Landbrot und einer Karaffe jungem Rotwein auf den Tisch stellen und alle zugreifen lassen.

GNUDI CON SUGO DI PECORA

»NACKTE« RAVIOLI MIT HAMMELSOSSE

FÜR 6 PERSONEN

Für den Sugo

8 EL Olivenöl

500 g mageres Hammelhackfleisch

1 Hammelknochen

1 kleine Zwiebel, fein geschnitten

1 Karotte, fein geschnitten

1 Selleriestange, fein geschnitten

10 Wacholderbeeren

2 Lorbeerblätter

1 kleines Glas Vin Santo oder anderer Süßwein

Meersalz und frisch gemahlener schwarzer Pfeffer

2 Knoblauchzehen, zerrieben

1 Rosmarinzweig, nur die fein gehackten Blätter

Für die Gnudi

500 g Schafsmilchricotta

125 g alter Pecorino oder Parmesan, frisch gemahlen, plus einer Extraportion zum Servieren

2 große Eier, leicht geschlagen

3 EL feine Brotkrumen und eine Extraportion nach Wunsch

1 Prise frisch gemahlener Muskat

Meersalz und frisch gemahlener weißer Pfeffer

Mehl zum Bestäuben

Für den Sugo die Hälfte des Olivenöls in einem Kochtopf erwärmen, danach Hackfleisch, Hammelknochen, Gemüse, Wacholderbeeren und Lorbeerblätter dazugeben. 10 Minuten lang anbraten, mehrmals umrühren. Wein dazuschütten und weiterkochen, bis der Alkohol verflogen ist, das Gemüse weich und das Fleisch braun geworden ist. Ein wenig Wasser dazugeben, damit nichts anbrennt.

500 ml Wasser hineinrühren und großzügig mit Salz und Pfeffer abschmecken. Köcheln lassen und zugedeckt 3 Stunden kochen, noch einmal Wasser dazugeben, wenn die Soße eindickt. Hammelknochen und Lorbeerblätter herausnehmen, die Soße in einem Mixer pürieren oder mit einer Gabel zerdrücken.

Das restliche Olivenöl in einem kleinen Kochtopf erhitzen, Knoblauch und Rosmarin dazugeben und sautieren, bis der Knoblauch goldbraun ist. Den Knoblauch herausnehmen, dann das aromatisierte Öl in die Soße rühren.

Zur Zubereitung der Gnudi den Ricotta in ein mit Musselin ausgelegtes Sieb legen und 20 Minuten abtropfen lassen. Den Ricotta in eine Schüssel geben und den geriebenen Käse, Eier und Brotkrumen hinzufügen. Mit Muskat, Salz und weißem Pfeffer abschmecken, gut mit einem Holzlöffel verrühren. Die Masse sollte eine dicke Paste bilden. Wenn sie zu flüssig ist, noch 1 oder 2 EL Brotkrumen dazustreuen.

Arbeitsfläche und Hände mit etwas Mehl bestäuben. Gnudi durch Rollen des Teiges in 2 cm große Bällchen formen und jedes mit etwas Mehl bestäuben. Einen großen Topf mit Wasser zum Kochen bringen und Salz dazugeben. Die Gnudi in den Topf geben und kochen lassen, bis sie an der Oberfläche schwimmen, ca. 3 Minuten. Mit einer gelochten Schöpfkelle herausnehmen und auf einzelne Schälchen verteilen.

Die Soße über die Gnudi gießen und mit geriebenem Pecorino oder Parmesan bestreuen.

Massimo Biagi

Chilisammler

»*Guarda*«, sagt Massimo Biagi und deutet auf Schoten, die knallrot leuchten und wie bunte Laternen von den Zweigen einer grünen Laubpflanze baumeln. »Sie wollen geradezu gegessen werden.« Vorsichtig pflückt er eine ab und legt sie auf seine offene Handfläche. »Man könnte meinen, es handele sich um Obst.« Man könnte es meinen ... bis man sich 7 oder 8 Sekunden, nachdem man hineingebissen hat, in eine Karikatur verwandelt: Flammen schlagen aus dem Mund, Rauch qualmt aus den Ohren, hektisch sucht man nach etwas, das die Flammen löscht. Wasser bringt nichts: Alkohol, Salz oder eine säuerliche Tomate schon ... ein wenig.

»Es ist doch seltsam«, sagt er mit einem ironischen Lächeln, »sobald das Brennen im Mund nachgelassen hat, will man mehr.« Das ist der Reiz der Habanero – der schärfsten Chili der Welt und Biagis liebster, das will etwas heißen, wenn man bedenkt, dass er über 800 Sorten in seiner Sammlung hat.

Von Insidern wird Biagi liebevoll »Pfefferprofessor« genannt, obwohl er sich selbst als »Technischen Angestellten der Universität von Pisa, verantwortlich für die For-

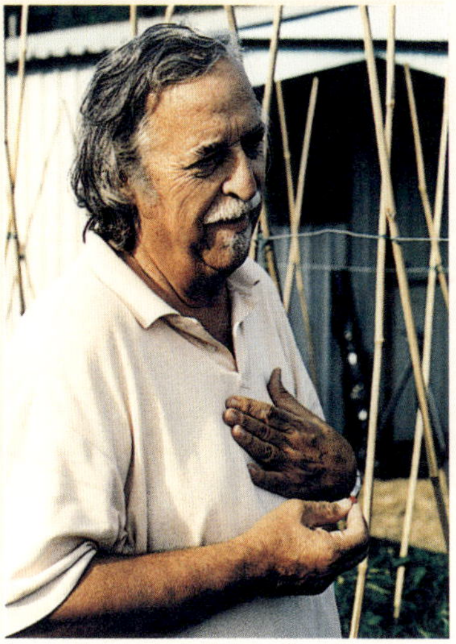

schung an Pflanzenkreuzungen in Gewächshäusern« bezeichnet. Er ähnelt einer gutmütigen Figur aus einem Kinderbuch: tiefe Lachfalten um die Augen, Schildkrötennase, Schnauzbart; ihn umgibt die Aura eines Menschen, der gerne lacht.

Er schneidet die Habanero der Länge nach auf, legt ein gebärmutterähnliches Herz frei, das vollgepackt ist mit hellen Samen und hält es mir unter die Nase. Ein Hauch von Aprikose, Rauch und Blumen mischt sich mit dem gewohnten Aroma einer Paprika. Alleine von dem Geruch zieht sich mir die Kehle zusammen und meine Augen brennen. »Sie behalten ihr Aroma auch beim Kochen«, erklärt er. »Wer einmal ein *aglio, olio e peperoncino* mit einer Habanero zubereitet hat, wird nie mehr etwas anderes verwenden. Spaghetti mit Olivenöl, Knoblauch und *peperoncino* (in der Toskana manchmal *zenzero* genannt) sind in Italien das Gericht für schwierige Situationen, etwa wenn man ein Haus voller Leute zu bekochen hat und der Kühlschrank leer ist. Diese vier

Hauptzutaten fehlen in einer italienischen Küche nie, und eine *bella spaghettata* ist überall beliebt.

»Wir fühlen uns zu *peperoncini* hingezogen«, meint Biagi »weil durch Capsaicin (ein chemischer Bestandteil, der die Schärfe der Chilis verursacht) Endorphine freigesetzt werden – wie beim Genuss von Schokolade, beim Sex oder einem Marathon!« *Peperoncini*, behauptet Biagi, können mehr als nur den Geschmack der meisten üblichen Nahrungsmittel unterstreichen: Sie heben unsere Laune.

Wir verlassen die Habanero und folgen Biagi über die Chilibeete, die er auf einem kleinen gepachteten Landstück außerhalb der am Meer gelegenen Stadt Torre del Lago anbaut. Reihe um Reihe stehen die akribisch gepflegten Pflanzen in unterschiedlichen Blüh- und Fruchtstadien. »Eine grüne Chili ist unreif«, erzählt er uns. »Sie ist würzig, schmeckt aber eher grasig als süß.« Alle Chilis verfärben sich anscheinend während des Reifeprozesses von grün zu schwarz, dann rot, orange oder gelb.

Zwischen den üblichen Verdächtigen – Cayennes, Jalapeños, Serranos – deutet Biagi auf wilde amazonische Chilis, höllisch scharfe peruanische Aji; bunte Chilis; Chilis aus China, Afrika, Indien, Amerika. Unendlich viele Chilis … alle sehr interessant, sogar faszinierend. Mich interessiert, warum Biagi sie eigentlich sammelt.

* * *

»1995 kreuzte ich Geranien für eine Freundin. Sie meinte, wenn ich ihr eine gelbe Geranie züchten könnte, würde sie mir ein Haus auf den Bahamas kaufen.« Er bleibt vor einer Pflanze voller schlanker, roter, teuflisch spitzer *peperoncini* stehen. »Nun ... ich habe es nicht geschafft, aber eines Tages war ich zum Essen bei ihr – wir aßen *zuppa di ceci* – eine absolut gewöhnliche Kichererbsensuppe, mal abgesehen davon, dass sie eine kleine Schale von denen da auf den Tisch stellte«, sagt er und pflückt eine Chili von der Pflanze. »Peruanische Aji. Ich beobachtete, wie alle die Chilis in kleine Stücke schnitten und auf ihre Suppe streuten, also tat ich das auch.«

Der Rest, so sagt man, ist Geschichte. Die Freundin gab ihm zwei frische Chilis mit, und er säte die Samen aus. Das war der Anfang seiner Sammlung. »Ich schrieb einen Habanerozüchter in Yucatan an; dieser schickte mir Samen und einen fantastischen handgeschriebenen Brief auf Spanisch.« Biagi hatte Feuer gefangen. Er tauschte Samen, spielte mit Kreuzungen, und seine Sammlung wuchs und wuchs.

»Wie bekommt man eine Kreuzung?«, frage ich. »*È facile.*« Das ist ganz einfach. »*Veramente facile*«, behauptet er, »*e divertente*«. Es ist ganz einfach und macht Spaß. »Es ist wie beim Erfinden, ... nur, dass man nie genau weiß, was man erfindet.« Er hebt zwei Pflanzen hoch und zeigt auf die fest geschlossenen weißen Fäuste ihrer ungeöffneten Blüten. »*Si fa così.* Zuerst bindet man eine noch komplett geschlossene Knospe an jeder Pflanze ab; wenn sich die Knospen öffnen, führt man mit einem Zahnstocher eine Kreuzbestäubung an den Blüten durch, entnimmt die Samen aus den so entstandenen Chilis (die aussehen wie alle anderen Chilis aus der Zucht); diese Samen werden im nächsten Jahr ausgesät, und man wartet ab, was dabei herauskommt«.

Diejenigen, die eine verzehrende Leidenschaft für Dinge hegen, an die der Rest der Menschheit keinen Gedanken verschwendet, umgibt der Hauch des Kuriosen. »Mit wem schließen sich *peperoncino aficionados* zusammen?«, frage ich mich. Andere Liebhaber der *peperoncino* – natürlich gibt es weit mehr davon, als man denkt. Zunächst ist da die *Accademia Italiana del Peperoncino* mit ihren 5000 Mitgliedern, einem eigenen Hochglanzmagazin und einem außergewöhnlichen Peperoncino-Festival in Kalabrien. Biagi wird dort sein – mit 250 anderen Peperoncinizüchtern im Schlepptau. Es gibt die De Bondts aus Pisa, Chocolatiers der Meisterklasse, die nach traditionellen Rezepten eine bittersüße Schokolade mit geräucherten Jalapeños und kandierten Habaneros herstellen. Doch die interessantesten Besucher sind die *Monaci di Siloe*, ein neu gegründeter Orden von Benediktinermönchen, die beten, forschen und auf einem windumtosten Hügel im Süden der Toskana *peperoncini* anbauen.

Bruder Roberto, der Chefgärtner des Ordens, erklärt die Gründe, warum er begann, Chilis anzubauen. »Wir hatten schon Olivenbäume und suchten etwas, das wir außerdem anbauen konnten – nicht zu kommerziellen Zwecken, sondern um den Boden zu nutzen und uns mit der Natur zu verbinden.« Biagi ist so beflügelt von der Begeisterung der Mönche, dass er sich daran gemacht hat, eine eigene Sorte für sie zu kreieren: *lo zenzerino di siloe*.

SPAGHETTI AGLIO, OLIO E PEPERONCINO
SPAGHETTI MIT KNOBLAUCH, OLIVENÖL UND CHILIS

FÜR 6 PERSONEN

3 Knoblauchzehen, zerquetscht

5 EL Olivenöl

2 frische oder getrocknete Chilis, fein zerkleinert mit den Samen

500 g getrocknete Spaghetti

Meersalz

fein gehackte, glatte Petersilie zum Servieren

Knoblauch und Olivenöl in einer großen Bratpfanne auf kleiner Flamme erwärmen. Wenn der Knoblauch leicht gebräunt ist, die Chilis dazugeben und von der Herdplatte nehmen.

Die Spaghetti in reichlich Wasser kochen. Nach ca. 8 Minuten, wenn sie fast gar sind, abtropfen lassen. Nudeln in die Pfanne mit dem gewürzten Öl schütten und alles auf großer Flamme 2 Minuten lang kräftig rühren, bis die Nudeln al dente sind. Die gehackte Petersilie darüberstreuen und servieren.

OLIO AROMATIZZATO CON AGLIO, PEPERONCINO E BASILICO
KNOBLAUCH-, CHILI- & BASILIKUM-MARINADE

250 ml Olivenöl in eine kleine Schüssel gießen. 3 frisch gehackte Chilischoten mit den Samen hinzufügen, 2 zerquetschte Knoblauchzehen, eine Handvoll zerkleinerte Basilikumblätter und Salz nach Geschmack dazugeben. Die Mischung ein paar Stunden ziehen lassen, dann die Marinade für gegrilltes Sommergemüse wie Auberginen und Zucchini verwenden. Das Grillgemüse mit Olivenöl einstreichen und dann vor dem Servieren etwa eine Stunde bei Zimmertemperatur stehen lassen.

ZUPPA DI CECI
KICHERERBSENSUPPE

FÜR 4 PERSONEN

400 g getrocknete Kichererbsen, über Nacht in Wasser eingeweicht

Meersalz und frisch gemahlener schwarzer Pfeffer

2 EL Tomatenpüree

4 TL Olivenöl

50 g Pancetta, zerkleinert

1 gelbe Zwiebel, klein geschnitten

1 Karotte, klein geschnitten

1 Selleriestange, klein geschnitten

1 Knoblauchzehe, zerquetscht

1 zarter Rosmarinzweig, klein geschnitten

500 g Mangold, in Streifen geschnitten

Zum Servieren

Natives Olivenöl Extra zum Besprenkeln

4 frische Chilis, gehackt, mit Samen

Die Kichererbsen abtropfen lassen und in einen großen Kochtopf schütten. Zwei Liter kaltes Wasser dazugeben und aufkochen. Die Hitzezufuhr verringern, etwa zwei Stunden köcheln lassen, bis die Kichererbsen weich sind. Gegen Ende der Garzeit Salz hinzufügen.

Die Hälfte der Kichererbsen herausnehmen und mit einem Mixer zerkleinern oder in einem Rührgerät pürieren und in den Topf zurückgeben. Das Tomatenpüree hineinrühren.

In einem anderen Topf das Olivenöl auf kleiner Flamme erwärmen, Pancetta, Zwiebeln, Karotten, Sellerie, Knoblauch und Rosmarin dazugeben. Während alles kocht, ab und zu rühren, bis das Gemüse weich und aromatisch ist.

Die Gemüsemischung in den Topf mit Kichererbsen und Mangold geben und mit Salz und Pfeffer würzen. Etwa 30 Minuten köcheln lassen.

Die Suppe in vorgewärmte Schüsseln löffeln. Bei Tisch Olivenöl und gehackte Chilis anbieten.

POLLO SCHIACCIATO AL LIMONE E PEPERONCINO
HUHN MIT CHILIS & ZITRONE

FÜR 4 BIS 6 PERSONEN

1 Brathähnchen, ca. 2 kg, Kopf und Eingeweide entfernt

250 ml Olivenöl

Saft 1 Zitrone

4 frische Chilis, zerkleinert, mit Samen

Meersalz

Das Huhn auf den Rücken legen und an der Mitte des Brustbeines entlangschneiden. Umdrehen, andrücken, das Rückgrat brechen und die Gelenke mit dem Handballen lockern.

Olivenöl, Zitronensaft und Chilis in einer kleinen Schüssel verrühren und salzen. Das Huhn flach in eine Bratpfanne legen und vollständig mit der Marinade bestreichen. Restliche Marinade darübergießen und zwei Stunden kalt stellen.

Den Ofen auf 200 °C (Gas Stufe 6) vorheizen. Das Huhn mit der Hautseite nach oben 50 Minuten lang braten, regelmäßig mit dem Bratensaft aus der Pfanne bestreichen. Auf 180 °C (Gas Stufe 4) reduzieren und in den letzten 20 Minuten häufiger bestreichen, bis das Huhn gar ist. Zur Kontrolle einen Bratspieß in den dicksten Teil des Schenkels stecken – die Säfte sollten klar und nicht rosa herausfließen. 10 Minuten stehen lassen, tranchieren oder in mundgerechte Stücke schneiden.

Cooperativa Agricola Paterna

Kooperative der Biobauern von Paterna

»Frag mich lieber nicht nach den *zolfini*«, sagt Marco Noferi. Wir stehen vor einem riesigen Herd und beobachten, wie Bohnen in einer dickwandigen Glasflasche in einem verlöschenden Feuer garen. Marco hat sich den Magen mit den berühmten weißen Bohnen vollgeschlagen. Sie sind eigentlich nicht weiß, sondern grüngelb – wie *zolfo* (Schwefel), nach dem sie auch benannt sind.

Dennoch scheint seine Aussage seltsam. Marco wird als einer der Altmeister der *zolfino* betrachtet. Auf 20 Hektar ausgelaugtem Ackerland gründete er 1977 mit 15 Freunden die Biokooperative Paterna. Sie hofften, etwas von dem Schaden wiedergutzumachen, den Großbauern durch das Versprühen von Kunstdünger und Pestiziden angerichtet hatten, um höhere Erträge zu erwirtschaften. Die *zolfino* – eine einheimische Pflanze – ist gut für den Boden (wie alle Hülsenfrüchte bindet sie Stickstoff); sie gibt sich mit Regenwasser zufrieden und ist eine perfekte Nischenpflanze für ortsansässige Kleinbauern, die ihren Boden schonen wollen.

Als ich Marco zum ersten Mal in Paterna traf, sprachen wir praktisch nur über die *zolfino*: ihre attraktiven Rundungen, die zarte Haut (die sich beim Kochen fast völlig auflöst); ihre weiche Beschaffenheit; ihren unvergleichlichen Geschmack. Aber das war vor sieben Jahren. In dieser Zeit kann viel passieren.

»Das Ganze ist aus dem Ruder gelaufen«, sagt er und zieht seine dicken, schwarzen Augenbrauen zusammen. Heutzutage haben mehrere Bauern einen Zaun um ihre *zolfino* gebaut – und das nicht, um Kühe fernzuhalten. Die *zolfino* entwickelte sich zum neuesten Modetrend, den die Gastronomen bewundern, und wurde in der Toskana zum Tagesgespräch. Der Verkaufspreis für ein Kilogramm getrocknete Bohnen betrug in diesem Jahr 28 Euro – teurer als ein gutes Stück Rind. Das ist die Ironie des Schicksals, galt die weiße Bohne doch hier von jeher als Armeleuteessen.

Die Tatsache, dass Marco die Wiedergeburt der *zolfino* als fehlgeschlagenes Experiment betrachtet, hält ihn nicht davon ab, sie zu Mittag für uns zu kochen. Er hadert nicht mit der Bohne, sondern mit der Art und Weise, wie sie ausgebeutet wird. Ich jedenfalls freue mich, dem Spektakel zusehen zu können: wie die *fagioli* in einer Flasche am Feuer vor sich hinköcheln – ein gastronomisches Erlebnis.

Kaum jemand kocht Bohnen noch so. Heute gibt es Gaskocher. Man ist wohlhabend. Wein wird in hohen, schlanken Flaschen anstatt in dickbäuchigen Behältern verkauft. Aber vor nicht allzu langer Zeit wurden Bauernhäuser noch mit riesigen Kaminen beheizt, und ein Abendessen bestand aus kaum mehr als *pane e companatico* – Brot und etwas zum Brot. Oft waren das *fagioli*.

Die Bohnen wurden *uno per uno* (schneller geht's nicht) in eine leere Weinflasche fallen gelassen. Dann wurde die Flasche mit Wasser aufgefüllt. Ein paar ungeschälte Knoblauchzehen, ein Salbeizweig und ein paar schwarze Pfefferkörner wurden durch den Flaschenhals geschoben, zusammen mit einer Prise Salz und einem Spritzer Olivenöl. Dann verschloss man die Flasche mit einem lockeren Flachsbausch. Am Abend wurde die Flasche in die Glut des verlöschenden Feuers gelegt.

Die Bohnen köchelten die ganze Nacht hindurch. Langsam, langsam. Am Morgen waren sie dann gar – innen weich aber nicht breiig, die Hülle noch intakt. Die Szene ist eine Parabel für alles, das wir (und mit wir meine ich uns Zugereiste) so sehr an diesem Essen und der Gegend lieben. Wo sonst können Einfallsreichtum, Bescheidenheit, Schönheit und Aroma sich ein bescheidenes Gefäß teilen?

* * *

Wir folgen Marco zu einer schattigen Pergola in der Nähe einer behelfsmäßigen Küche, wo Tamara Scarpellini, seit 1985 Teilhaberin der Kooperative, das Mittagessen gekocht hat. Er schüttet die dampfenden Bohnen in eine Schüssel und öffnet eine Flasche Paterna Chianti. Viviano Venturi bringt Tomaten, Basilikum und ungesalzenes Brot aus dem Holzofen seines Bruders. Als ich ihn das letzte Mal traf, war er noch Mitglied der Kooperative Paterna. Heute produziert er mit seiner Frau Biomarmelade und Soßen aus selbst angebautem Obst und Gemüse.

Unser Essen besteht aus vier Gerichten, wobei jedes dieselben Zutaten enthält: Tomaten, Bohnen, Olivenöl, Basilikum und Brot (absichtlich altbacken). Tamara schneidet in der engen Küche ein paar reife Tomaten auf und reibt sie auf das ungeröstete Brot, sodass der Saft in den dicken Scheiben versickert. Sie beträufelt das Brot mit Olivenöl und streut Salz darauf. Ehrlich gesagt sieht das Brot mit seinen roten Flecken und voller Samenkörner nicht gerade vielversprechend aus. Hätte sie das Brot nicht rösten sollen? Es mit Knoblauch einreiben? Was ist mit dem Basilikum? Und warum bekommen wir die Tomaten nicht zu essen? Ich sage nichts. Wir sind Gäste. Es ist ein einfaches Bauernessen. Was habe ich erwartet?

Tamaras Brotsalat ist genauso spartanisch. »Heute tun die Leute alles in eine *panzanella*«, sagt sie, während sie einen halben, altbackenen Brotlaib zerteilt und die Stücke in kaltem Wasser aufweicht, sodass sie wieder aufleben – tropfnass, aber elastisch und von der Konsistenz eines nassen Schwammes. »*Capperi, tonno, olive* ...« Sie presst mehrere dicke Scheiben aus und bröselt sie zusammen mit den Ringen einer roten Zwiebel und einer Handvoll zerkleinerten Basilikumblättern in eine Schüssel. Gerne verwendet sie auch Tomaten und Gurken, nur heute nicht. »Bei derart gutem Brot reichen Basilikum und Zwiebeln.« Sie richtet den Salat mit Olivenöl und Weinessig an und mischt ihn mit den Händen.

Während der ersten paar Minuten essen wir fast in völligem Schweigen, vertieft in den Genuss der Mahlzeit. Marco schenkt Wein ein. Wir schöpfen die Bohnen heraus und beträufeln sie noch einmal mit Olivenöl. Viviano schneidet ein halbes Kilogramm Ochsenherztomaten in Scheiben. Sie ähneln einem Kalbsherz, dunkelrot, weich und seidig – und schmecken nach Sommer. Am Tisch ist ein Reichtum, der nichts mit Maßlosigkeit zu tun hat. Das Brot muss nicht geröstet werden, es schmeckt auch so.

Die wenigen Gespräche, die geführt wurden, waren angenehm ziellos – bis wir das Thema *la campagna* anschnitten. Die Region. »*La campagna è morta*«, verkündete Marco resolut. Das erinnerte mich an Nietzsches Behauptung »Gott ist tot«. Und wir wurden aufmerksam. Trotz seiner herzlichen Begrüßung und seines fröhlichen Lachens kann Marco ohne Absicht einschüchternd wirken. Das war mir schon bei unserem ersten Treffen aufgefallen. Er ist hochintelligent, gibt sich aber kein bisschen überlegen oder herablassend – und er behandelt einen als intellektuell ebenbürtig, sogar dann, wenn man selbst den Verdacht hat, dass dem nicht so ist.

»Was meinst du?«, protestiere ich. Der Wein und das Öl auf unserem Tisch stammen von Trauben und Oliven, die auf genau diesem Land wuchsen. Die Gegend ist vielleicht nicht mehr das, was sie einmal war, aber sie ist dennoch sehr lebendig. »Die Tage des bäuerlichen Familienbetriebes sind vorbei«, antwortet er. Stimmt. Es gibt nur noch wenige *contadini*, die sich von ihrem Land ernähren, sich mit ein paar Morgen Land begnügen und ein paar Tiere haben.

»Die Toskana ist in die landwirtschaftliche Postmoderne eingetreten.« Diese Worte würden sich trocken und beunruhigend anhören, würde Marco sie nicht so entspannt vorbringen. Er zieht eine Zigarettenschachtel aus seiner Tasche, steckt sich eine Zigarette an und lehnt sich in seinem Stuhl zurück. »Es gibt andere Probleme. Das Saatgut ist im Besitz internationaler Konzerne. Es herrscht Wassermangel. Erderwärmung. *Zolfini*-Bohnen und Dorffeste, bei denen traditionelle Lebensmittel gelobt werden, sind eine Farce, wenn wir die wirklichen Probleme der Landwirtschaft nicht sehen.« Ihn öden Dinnerpartys an, auf denen die neuesten gastronomischen Trends bejubelt werden. »Menschen essen mit den Köpfen. Es gibt zu viel Geschwätz. Lebensmittel sind zu Modeartikeln verkommen.«

Marcos Ansicht nach ist die Postmoderne nicht unbedingt das Thema. »Das Problem besteht darin, dass die Leute die Vergangenheit glorifizieren«, sagt er und schaut mir direkt in die Augen. »Die traditionellen Bauern waren ja auch ein konservativer und engstirniger Haufen. Wir sollten uns nicht vor der Zukunft fürchten.«

Aber was für eine Zukunft? Marco zuckt mit den Achseln. »Wie soll ich das wissen?« Vielleicht weiß er es nicht, aber es gibt wenige Menschen, deren Meinung ich in dieser Angelegenheit mehr schätze. »Ich will nur eines sagen: Wir sollten dem Produzenten mehr Aufmerksamkeit schenken als dem Produkt. Unser Bäcker kauft sein Mehl hier, aber der Weizen stammt aus Kanada. Das sollte nicht vorkommen. Wir sollten den Vertriebsweg der Lebensmittel überdenken – in der eigenen Region produzieren, um eine direkte Beziehung zwischen Produkt und Verbraucher herzustellen.« Damit aber nicht genug. Marco will ein Umdenken bewirken. »Nicht Tradition und Sentimentalität sind unsere Brücke zur Vergangenheit. Wir müssen unser Essen respektieren und realistisch denken.«

Der Tag neigt sich langsam dem Ende zu, die Sonne verströmt ihre letzte Wärme über die Felder, und wir sitzen gemütlich und faul im Schatten einer Laube. Viviano bringt Espresso, und wir kippen ihn aus kleinen Tassen in großen Schlucken hinunter. Es ist nicht einfach, Marcos strengen Zukunftsblick mit den ländlichen Gegebenheiten auf dem Hof in Einklang zu bringen. Wenn ich ihm das verraten hätte, wäre sein Kommentar vermutlich ein »Na und« gewesen. Darin besteht eben die Herausforderung.

PANZANELLA
BROTSALAT

FÜR 4 PERSONEN

6 dicke Scheiben altes, grobes Landbrot
1 süße rote Zwiebel, dünn geschnitten
2 Handvoll Basilikumblätter, zerkleinert
etwa 60 ml Olivenöl
Rotweinessig nach Wunsch zum Beträufeln
Meersalz, frisch gemahlener schwarzer Pfeffer

Die Brotscheiben in einer Schüssel mit kaltem Wasser für 10 bis 15 Minuten einweichen. Abtropfen lassen, dann jeweils eine Handvoll gut ausdrücken. Das Brot mit den Händen in eine große Salatschüssel krümeln.

Zwiebel und Basilikumblätter hinzugeben, dann mit Olivenöl, Weinessig, Salz und Pfeffer verfeinern und mit den Händen mischen.

FAGIOLI AL FIASCO
BOHNEN IN DER FLASCHE

Hierfür benötigen Sie einen offenen Kamin und eine bauchige Weinflasche – beides in den meisten Haushalten nicht selbstverständlich. Für den unwahrscheinlichen Fall, dass Sie beides zur Hand haben …

Entfachen Sie am frühen Abend ein Feuer im Kamin. Entfernen Sie die Strohummantelung einer 1,5-Liter-Weinflasche und befüllen Sie diese mit 300 g getrockneten weißen Bohnen aus der Toskana, drei ungeschälten Knoblauchzehen, einem Salbeizweig, einigen schwarzen Pfefferkörnern und einer Prise Salz. Schütten Sie ein halbes Glas Olivenöl hinein und füllen die Flasche bis knapp unter dem Hals mit Wasser. Fertigen Sie aus einem Bündel Flachs einen Stöpsel und befestigen ihn so am Flaschenhals, dass er nicht hineinfallen kann. Vor dem Zubettgehen legen Sie die Flasche in den Aschehaufen nahe der Glut des verlöschenden Feuers. Schütten Sie zur Mittagszeit des Folgetages die Bohnen aus der Flasche in eine Schüssel.

Ausreichend für 4 Personen

SALSICCE E FAGIOLI ALL'UCCELLETTO
WÜRSTE & WEISSE BOHNEN IN TOMATENSOSSE

FÜR 4 PERSONEN

Für die Bohnen

400 g getrocknete Cannellini, über Nacht in kaltem Wasser eingeweicht (siehe Anmerkung)

2 EL Olivenöl

2 Knoblauchzehen, ungeschält

4 bis 5 Salbeiblätter

einige schwarze Pfefferkörner

Meersalz

Für die Würste

4 Knoblauchzehen, zerrieben

2 EL Olivenöl

6 frische italienische Würste

400 g italienische Eiertomaten, entwässert

4 bis 5 Salbeiblätter

1 Prise getrocknete Chili, zerrieben

Die Bohnen abtropfen lassen und in einen Topf mit schwerem Boden schütten, 2 l Wasser, das Olivenöl, Knoblauch, Salbei und Pfefferkörner dazugeben. Alles leicht aufkochen. Zudecken und auf kleiner Flamme erhitzen, bis es gar ist, etwa 2 Stunden. Die Bohnen nach drei Viertel der Zeit salzen.

Zur Zubereitung der Würste den Knoblauch und das Olivenöl in einer Pfanne mit schwerem Boden so lange erhitzen, bis der Knoblauch goldbraun ist. Die Würste dazugeben und braten, bis sie auf allen Seiten leicht gebräunt sind, dann mit einem Holzlöffel zerdrücken. Die Bohnen abtropfen lassen und 120 ml der Flüssigkeit beiseitestellen.

Tomaten, Salbei und Chili zusammen mit der bereitgestellten Flüssigkeit zu den Würsten geben, alles 5 Minuten köcheln lassen, die Tomaten mit einem Holzlöffel zerkleinern. Die Bohnen dazugeben und 15 Minuten weiterköcheln lassen, bis die Würste gar und die Soße eingedickt ist, ab und zu vorsichtig umrühren. Bei Bedarf nachwürzen.

Anmerkung Wenn Sie frische Cannellini-Bohnen bekommen können, nehmen Sie diese für dieses Rezept. Sie brauchen 1 kg frische Bohnenschoten. Diese müssen nicht über Nacht eingeweicht werden, sie müssen allerdings 45 Minuten kochen.

PANE E POMODORO
BROT & TOMATEN

Eine reife Tomate in der Mitte teilen und damit über eine dicke Scheibe guten Landbrotes streichen – natursaures, im Holzofen gebackenes Brot eignet sich am besten. Gießen Sie etwas Natives Olivenöl Extra darauf und bestreuen es mit Salz und Basilikumblättern.

Fausto Guadagni

Hersteller von Lardo di Colonnata

Fausto Guadagni ist erschöpft von einem jahrzehntelangen Kampf, der ihm manchmal vorkommt, als ob er ihn gleichzeitig gewinnt und verliert. Es ist nicht einfach, sich von einem kleinen, abgelegenen Dorf aus gegen die EU, die Netzwerke großer Lebensmittelkonzerne und die Mühlen der italienischen Bürokratie zu wehren.

Man sollte nicht glauben, dass dies nur als ein Kampf um eingelegte Schweineschwarten ist. Guadagni erzählt, dass es darum geht, aufrichtig zu sein, die Traditionen zu wahren und einen öffentlichen Widerstand gegen die Preistreiber der Gastronomie aufzubauen, die aus einem begehrten »neuen« Produkt Profit schlagen wollen. *Lardo di Colonnata*, das besagte Produkt, war eigentlich in seinem Dorf schon seit den Zeiten der Römer ein Grundnahrungsmittel gewesen.

* * *

Aus der Entfernung betrachtet scheinen die zerklüfteten Felsen der Apuane sogar im Sommer verschneit zu sein. Dem ist aber nicht so. Sie sind aus Stein – hellgrauem Carrara-Marmor, dem gleichen Material, aus dem Michelangelo seinen David schuf. In Wahrheit aber stammt der *marmo di Carrara* überhaupt nicht aus Carrara, sondern aus den Steinbrüchen der darüberliegenden Berge. Täglich rollen Lastwagen mit Steinblöcken die staubigen Serpentinen hinunter. Das Dorf Colonnata befindet sich mittendrin, es klammert sich an den Steilhang des Berges, auf der einen Seite vernarbte Landschaft und auf der anderen Kastanien-, Eichen- und Birkenwälder.

»Bis in die 1950er-Jahre führte noch nicht einmal eine Straße nach Colonnata«, erzählt Guadagni. Er schabt die cremeweißen Ränder eines Stückes *lardo* ab, das er zuvor aus einem *conca* (Marmorzuber) genommen hat, wo der *lardo* die vergangenen sechs Monate in einer Salzlauge mit Pfeffer, Knoblauch und über einem Dutzend Kräutern und Gewürzen lag. »Es gab damals keinen Strom, und der Marmor wurde von Ochsen den Berg heruntergezogen. Die Arbeiter lebten im Steinbruch und ernährten sich von Brot und dem hier«, sagt er, während er die Ecke einer Scheibe *lardo* abschneidet, die mit einem roten Plastiketikett und einer Kennziffer der EU versehen ist. Das Etikett besagt, dass das Produkt aus Guadagnis *larderia* in Colonnata stammt. »Endlich eine absolute Echtheitsgarantie. Wir wollen hoffen, dass das reicht.«

Die Wandlung des *lardo di Colonnata* von einem Grundnahrungsmittel der Steinhauer zur teuren Delikatesse ist ein echtes Schauermärchen. »Bevor die Straße gebaut

wurde, stellte fast jede Familie in Colonnata ihren eigenen *lardo* her«, erklärt Guadagni. »Mit der Straße kamen ein paar Touristen. Ab 1990 lebte etwa ein Dutzend von uns vom Verkauf.« Kurz nachdem der *lardo di Colonnata* bekannt wurde, gab es sehr viel mehr davon, als in dem winzigen Dorf hätte hergestellt werden können.

Die Regierung verdächtigte zunächst die Dorfbewohner. Im Frühjahr 1996 stürmten Polizisten das Dorf, verboten den Verkauf des *lardo* und versiegelten die Türen der Keller, in denen er reifte. In einem Europa, das für jedes Nahrungsmittel ein eigenes Gesetz entwirft, wussten die Beamten nicht, wie sie mit diesem Produkt umgehen sollten: Es hatte keinen registrierten Namen und keine offizielle Zutatenliste, keine künstlichen Konservierungsmittel, und es wurde nach keiner offiziell festgelegten Produktionsweise hergestellt. »Was haben sie nach all diesen Untersuchungen gefunden?«, ruft Guadagni. »Was wir schon immer wussten. Keine Krankheitserreger. Salz ist ein uraltes Konservierungsmittel; pulverisierter Marmor ist ein natürliches Kühlmittel; er nimmt die Kälte des Kellers auf und hält die Temperatur stabil.«

Nachdem der *lardo di Colonnata* offiziell als ungefährlich eingestuft worden war, wollte natürlich jeder mitspielen. »Die Leute wollten den *lardo* bequem in Lagerhäusern an der *autostrada* in Carrara herstellen, nicht wie wir abgelegen in den Bergen. Sie wollten ihn in drei und nicht in sechs Monaten produzieren, in Kühlschränken anstatt in Marmorkellern reifen lassen und ihn mit Zusätzen vollpumpen.« Auf extrem hohe Eigenkosten (die Rechnungen sind noch nicht gezahlt) ließen sich die *lardaioli* von Colonnata als Eigentümer des Namens *lardo di Colonnata* eintragen. Sie engagierten einen Anwalt und stellten Anträge bei den Gesetzgebern der örtlichen Behörden und der EU, um den *lardo di Colonnata* gemäß seiner traditionellen Stellung und Produktionsweise zu definieren – und um ihn durch den IGP-Status (*Indicazione Geografica Protetta*) zu schützen, sodass nur *lardo*, der entsprechend hergestellt wurde und auch wirklich aus Colonnata stammt, sich so nennen durfte. 2004 erreichten sie ihr Ziel und erst kürzlich führte die italienische Regierung einen Stempel und Siegel ein, durch die man den Herstellungsort des Produkts erkennen kann.

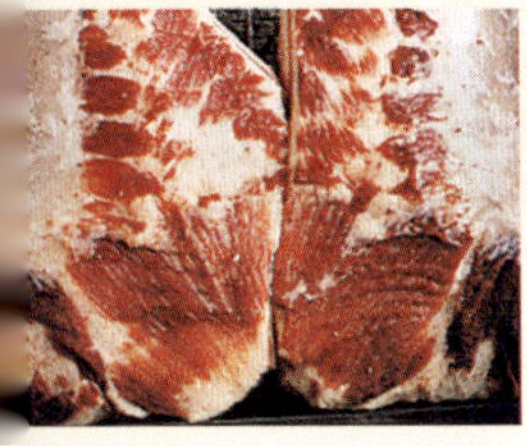

Guadagni ist nicht ganz zufrieden. »Wenn die Menschen uns besuchen, sehen sie, wie viel Arbeit in dem *lardo di Colonnata* steckt,« sagt er. »Aber wie macht man das Produkt dem europäischen Markt begreiflich? Wir sind ein Bergdorf mit ein paar Herstellern. Wir haben nicht die Mittel für eine große Informationskampagne.« Guadagni will, dass die Verbraucher gut über sein Produkt informiert sind und dass die EU und das italienische Landwirtschaftsministerium dies übernehmen. »Ich habe die Nase voll von Anwälten und Bürokratie. Ich will einfach nur meine Arbeit machen.«

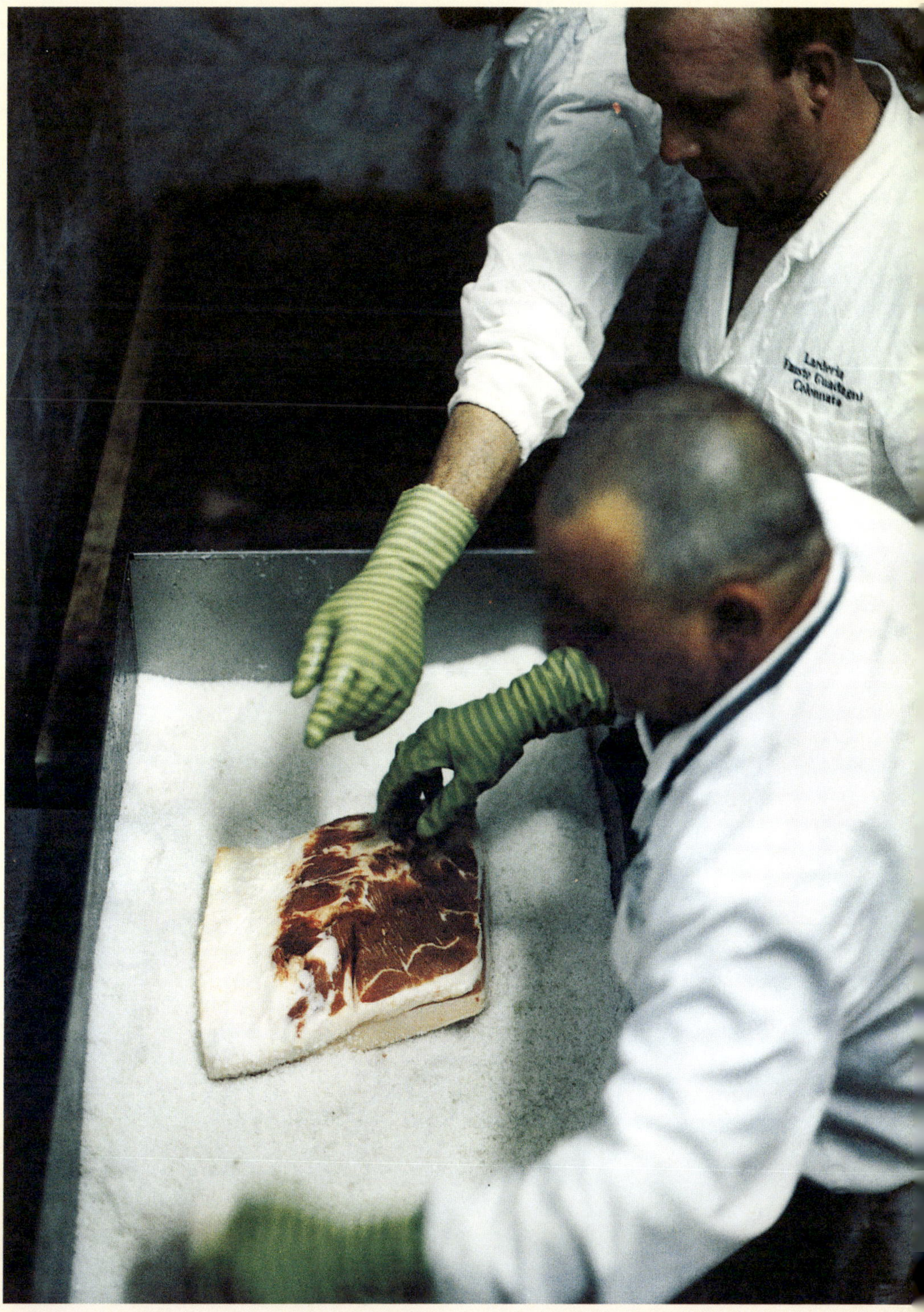

DIE LARDO-LEHRSTUNDE

Wie man den echten »lardo« herstellt

Leben Sie in Colonnata … vorzugsweise lebte Ihre Familie dort seit Generationen. Sie sollten wissen, dass *lardo* nur in den relativ kalten, feuchten Monaten von September bis Mai hergestellt wird.

Besorgen Sie sich eine mehr als badewannengroße Marmorwanne zum Reifen. Mit hellgrauem, fein gemahlenem Marmor aus Canaloni geht es am besten – der grobkörnige ist zu durchlässig für die Lauge; mittelkörniger Marmor ist eher für Bildhauer geeignet.

Richten Sie einen Keller oder Arbeitsraum ein, in dem der *lardo* im einzigartigen Mikroklima von Colonnata reifen kann, das durch ein Zusammenspiel von Höhe, Sonnenlicht, Seewind, den Wäldern der Umgebung und Feuchtigkeit entsteht. Künstliche Kühlung ist tabu.

Trennen Sie den Speck vom Rücken eines frisch geschlachteten Schweins. Schneiden Sie ihn in rechteckige Würfel und reiben Sie jedes Stück mit Salz ein.

Reiben Sie Boden und Wände der *conca* gründlich mit frischem Knoblauch ein.

Streuen Sie zuerst Salz und dann eine Schicht aus gemischten Kräutern und Gewürzen auf den Wannenboden. Guadagni verrät die genaue Zusammensetzung seiner Mischung nicht – »jede Familie hat ihre eigene« – er sagt nur, dass sie die gleichen 12 Zutaten enthält, die sein Vater benutzte, Gewürze und Kräuter wie schwarzer Pfeffer, Zimt, Muskat, Nelken, Sternanis, Majoran, Oregano und Salbei.

Streuen Sie eine Schicht grob zerkleinerten Knoblauch darüber, danach eine Lage Rosmarinblätter.

Dann den Speck wie Fliesen in die *conca* legen. Nicht überlappen lassen, keine Leerräume bilden.

Geben Sie weiterhin Salz, Gewürze, Knoblauch und Rosmarin schichtweise dazu, bis die *conca* voll ist.

Decken Sie die Wanne zu und lassen diese sechs Monate lang stehen, kontrollieren Sie gelegentlich, ob die Lake zu trocken oder zu nass ist.

So soll er aussehen und schmecken

FARBE: Hell, rosa-braun, bedeckt mit einer dunklen Lage Salz, Knoblauch und einer Gewürzmischung.

AROMA: Wunderbar frisch und stark nach Kräutern und Gewürzen duftend, nicht ranzig oder fett.

GESCHMACK: Leicht pikant und zugleich ein wenig süßlich.

GUADAGNIS GESCHMACKSTEST: »Probieren Sie ihn pur – ohne Brot oder Wein – und vor allem bei Körpertemperatur, denn dabei würde man unechten *lardo* entlarven. Stecken Sie sich eine Scheibe in den Mund und lassen Sie diese zergehen. Normales Schweinefett ballt sich zusammen, und man kann es unmöglich schlucken. *Lardo di Colonnata* löst sich einfach auf. Die Lippen fühlen sich danach feucht an, wie mit Kakaobutter eingerieben.«

Wie man ihn genießt

Zu der Zeit, als es kaum mehr als *pane e companatico* (Brot und etwas zum Brot) gab, war *lardo di Colonnata* eine kalorienreiche Notwendigkeit für die Steinhauer.

Traditionsgemäß wurde er in dünnen Scheiben auf Brot gelegt, das mit Tomaten eingerieben oder auch mit Frühlingszwiebeln, gesalzenen Anchovis, Kapern oder rotblättrigem Oregano belegt war.

In ihrem Restaurant bietet Guadagnis Schwester ihn als Vorspeise an und reicht ihn entweder traditionell kombiniert als *panizza* (Kichererbsenmehlgebäck) oder in ungewöhnlicheren Verbindungen wie etwa mit weißer Wassermelonenmarmelade, süßen Feigen und Wacholderbeeren als »Salami«.

Carla Guadagni verwendet *lardo* beim Kochen wie Butter oder Öl – man braucht nur weniger davon. Sie schneidet ihn in kleine Würfel, um Gemüse zu sautieren, oder gibt einen Klecks auf das Kaninchen, wenn sie gespicktes Kaninchen zubereitet.

WEIN: *Lardo* braucht einen kräftigen, jungen Wein. Stark, bis zu 13 oder 14 % Alkohol, aber noch fruchtig. Auch Schaumweine passen gut dazu. Schwere, im Fass gereifte Weine sind zu wuchtig.

Gionni Pruneti

Olivenöl, Safran und Iris

Viele ältere Bauern sind besorgt, wer einmal ihren Betrieb übernehmen wird, wenn sie sich zur Ruhe gesetzt haben. Die meisten betagten *contadini* glauben nicht, dass junge Leute noch Bauern werden möchten. Sie wollen keine schwere Arbeit verrichten – verbringen ihre Zeit lieber damit, schnelle Autos zu fahren oder mit dem Handy zu telefonieren. »Das Leben ist für die kommende Generation zu bequem geworden, als dass sie die Härten eines bäuerlichen Daseins in Kauf nehmen würden.«

Fragt man bei den gleichen *contadini* nach Gionni Pruneti, dann leuchten ihre wettergegerbten Gesichter vor Begeisterung, falls sie ihn kennen. »*Un bravo ragazzo.*« »*In gamba.*« »*Incredibile.*« Die Toskaner neigen weder dazu, Komplimente großzügig zu verteilen, noch halten sie (stark verallgemeinert) viel von Veränderungen. Dennoch loben die Älteren den 27-jährigen, schlacksigen, blonden Biobauern, der in der Gegend um San Polo im Chianti Oliven, Iris (Schwertlilien) und Safran anbaut.

»Ich habe dieses Leben schon immer geliebt«, sagt Gionni. »Ich habe schon mit meinem Großvater Natalino Oliven geerntet. Bereits mit acht Jahren war ich manchmal die ganze Nacht in der Ölmühle, wenn die Oliven gepresst wurden.« Heute bleibt er während der sechswöchigen Olivenernte jede Nacht dort.

Gionni hat einen Vertrag mit der örtlichen Olivenmühle – er benutzt die Olivenpresse nur nachts, hat sie dann aber für sich allein. »Es ist anstrengend, aber nie einsam«, sagt er fröhlich, während wir zuschauen, wie das grüne Öl in einem feinen, dünnen Strahl aus der Presse strömt. Er zeigt mir das gemütliche Zimmer neben der Mühle, mit schwerem Holztisch und einem roten Backsteinkamin – ein perfekter Platz, um Würstchen zu grillen und Wein zu trinken, wenn Freunde vorbeikommen.

Es ist nicht ganz korrekt, dass Gionni in der vierten Generation der Prunetis das Familiengrundstück bewirtschaftet. Sein Vater Gilberto, Sohn von Natalino, Enkel von Girolomo (Gründer des Hofes der Prunetis), kennt sich in der Landwirtschaft gut aus – »Das ist bei jedem so, der auf einer *fattoria* aufgewachsen ist«, behauptet er – obwohl er zunächst dem Bauernhof den Rücken kehrte und eine Mechanikerlehre begann. »Das war damals, als alle Kinder, die auf dem Hof entbehrt werden konnten, in die Lehre geschickt wurden«, erklärt Gilberto.

»Alles, was ich über die Landwirtschaft weiß, habe ich von meinem Großvater gelernt«, sagt Gionni, nimmt eine hellgrüne Olive in die Hand, zerquetscht sie zwi-

schen den Handflächen und reibt seine Hände so lange aneinander, bis die klebrigen Säfte den grasähnlichen Duft von frischem Öl verströmen. »Er war wie ein zweiter Vater.« Gionni (der jetzt mit seinem Bruder Paolo zusammenarbeitet) übernahm mit 20 Jahren den Hof von Natalino. Innerhalb weniger Jahre hat er unter Beweis gestellt, dass er der Tradition treu bleibt, sich aber nicht sklavisch daran hält. Er ist begeistert von Neuerungen, geht aber umsichtig damit um; und ist einzigartig begabt, wie alle, die in ihrem Traumberuf aufgehen.

* * *

Mein erster Besuch auf dem Hof der Prunetis war im Frühling, und die Stadt San Polo in Chianti war von Iris übersät. Sogar in den bescheidensten Vorgärten blühten schlanke, grüne Stängel mit krausen, papierdünnen Blüten, die nach Trauben und Kaugummi dufteten. Aus den Fenstern fast aller Häuser hingen weiße Baumwollbanner, auf die violette Iris gemalt waren und die *La Festa del Gaggiolo* (das alljährliche Iris-Fest) ankündigten. Am Stadtrand erstreckte sich das Feld der Prunetis voller taufeuchter Blüten wie eine impressionistische Landschaft.

Die Iris ist das Symbol von Florenz, was etwas irreführend ist, denn die Florentiner bezeichnen das stilisierte Abbild gerne als *il Giglio*, was eigentlich »Lilie« bedeutet. So schön sie auch sein mag, Gionnis Interesse gilt nicht der Blüte, sondern vielmehr dem ingwerähnlichen Wurzelstock (Orriswurzel), dessen pudriger Duft das Aroma von Märzveilchen hat. Er wird seit Jahrhunderten für Parfüms, Puder und Seifen sowie als Arzneimittel bei Schlangenbissen, gegen Husten und Depressionen verwendet.

»Die Iris blüht überall in der Toskana wild«, erklärt Gionni. »Sie mag trockene, steinige Erde – genau wie Weinstöcke.« Sie gedeiht auch an den Rändern terrassenförmiger Felder, in Waldgebieten oder auf Böden, die für die meisten Feldfrüchte ungeeignet sind. Seit die Orriswurzel ab 1800 von den Parfümeuren in Grasse stark nachgefragt wurde, ist die Stadt für die Verarbeitung der Iris bekannt. Gionni reicht mir ein vergilbtes Foto, auf dem er im Alter von fünf Jahren auf einem Berg getrockneter Orriswurzeln hockt. Heutzutage liefern die Prunetis ihre Ernte direkt nach Florenz, in die ehrwürdige *Officina Farmaceutica di Santa Maria Novella*, eine Apotheke, Parfümerie und ein Tempel der Sinne, der im 13. Jahrhundert von dominikanischen Mönchen des Ordens Santa Maria Novella gegründet wurde.

Vor ein paar Jahren beschloss Gionni, versuchsweise eine weitere Pflanze anzubauen: *Crocus Sativus*, winterfeste, violette Blumen, deren getrocknete, rote Narben als Safran, das teuerste Gewürz der Welt, bekannt und beliebt sind. »Ich bemerkte, dass ich jeden Herbst, wenn ich in den Wäldern Pilze sammelte oder an einem verlassenen Gemüsefeld vorbeikam, immer auch einige Safranpflanzen entdeckte«, erklärt er. Die Prunetis haben Safran schon immer für den Eigenbedarf angebaut.

Ich frage, warum Safran so teuer ist, wenn die Pflanze doch eigentlich ohne Pflege gedeiht. Gionni lacht laut auf und erklärt es mir geduldig. »Um ein Kilogramm Narben zu bekommen, braucht man fünfzig Kilogramm Blüten. Auf einem Hektar Land

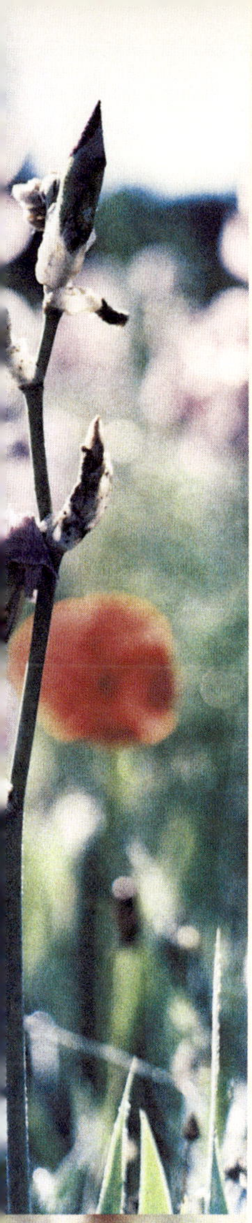

wachsen etwa zehn bis fünfzehn Kilogramm Narben. Sind sie erst einmal über der Eichenglut getrocknet, reduziert sich das Gewicht auf ca. 200 Gramm.«

Er beschreibt mir den Erntevorgang noch genauer: »Die Safranblüte beginnt normalerweise im Oktober. Früh am Morgen gehen wir auf das Feld hinaus und ernten alle Blüten. Dann leeren wir unsere Körbe im Arbeitsraum aus und verbringen den Rest des Tages damit, am Tisch zu sitzen und drei rote Fäden aus jeder Blüte zu ziehen.« Das Gute daran ist, dass beim *zafferano* weniger mehr ist. Ein viertel Gramm der zarten, roten Fäden verleiht einem Gericht für sechs bis acht Personen Geschmack. Es bringt nichts, mehr zu nehmen, um anzugeben. Verwendet man zu viel Safran, verliert er seinen verführerischen Geschmack und wird unglaublich bitter.

* * *

Olivenöl ist die Haupterwerbsquelle der drei Anbaukulturen des Hofes – was kaum überrascht, blieben doch ohne das *olio di oliva* die Küchen in der Toskana kalt. Die meisten Bauernhäuser haben ein paar Reihen Olivenbäume im Garten stehen, falls Klima und Boden dies zulassen. Schon immer haben hiesige Bauern ihre Olivenhaine mit unterschiedlichen Bäumen bepflanzt, um dadurch eine Kreuzbestäubung zu ermöglichen. Toskaner, die keine eigenen Oliven haben, kaufen normalerweise ihren Jahresbedarf an Öl bei Freunden oder Nachbarn, die es für sie in 20- oder 30-Liter-Edelstahlbehältern aufbewahren. Ein durchschnittlicher Haushalt verbraucht in etwa einen Liter *olio* pro Woche.

Gionni bleibt der Tradition treu und geht gleichzeitig an ihre Grenzen. »Das ist eine persönliche Herausforderung«, erklärt er, während er eine glänzende schwarzblaue Olive von einem Baum pflückt. »Ich will das Beste aus dieser Olive herausholen. Schau dir den Baum an. Es ist ein *leccino*. Man erkennt ihn an den langen, herabhängenden Zweigen und den hochgebogenen Spitzen.« Er geht zu einem anderen Baum und zeigt mir die Frucht. Die Farbe ist gleich, aber die Olive ist kleiner und runder, und die Zweige des Baums stehen aufrecht. Ein *moraiolo*.

»Siehst du. Die *moraiolo* ist süß und mild, im Mund ist sie etwas grasig, aber lebhaft in der Kehle. Die Oliven des *frantoio* sind leicht bitter und herb. *Correggiolo* ist kräftig auf der Zunge, aber mild in der Kehle.« Gionni will die besten Anbau-, Ernte- und Pressbedingungen für alle Sorten herausfinden und seine Öle als traditionelle Mischungen und auch sortenrein abfüllen. Das Öl der *moraiolo* ist frisch und fruchtig. Laut Gionni perfekt für Kichererbsen, rohen Fenchel oder sogar, um einen dunklen Schokoladenkuchen damit zu besprenkeln. Das Öl der *leccino* schmeckt leicht bitter wie Salbei und ein bisschen nach schwarzem Pfeffer – Gionnis Öl der Wahl für schmackhafte Pasteten und aufwendige, würzige Gerichte.

Gionni ehrt die Tradition nicht um der Tradition willen. »Die Bauern haben ihre Trauben nicht mit den Füßen gestampft, um sich an die Tradition zu halten – sie kannten es damals nicht anders. Traditionen zu folgen heißt, sich daran zu erinnern, dass wir Kunsthandwerker sind und keine Massenproduzenten. Tradition bedeutet, unserem Land treu zu bleiben. Stundenlang mit Freunden in einer Tavola zu sitzen. Den alten Bauern zuzuhören, wenn sie davon erzählen, wie das Leben einmal war.«

PETTI DI POLLO ALLO ZAFFERANO
HÜHNERBRUST IN SAFRAN

FÜR 4 PERSONEN

350 ml Milch

1 gestrichener TL Safranfäden

150 g Mehl

Meersalz und frisch gemahlener schwarzer Pfeffer

4 Hühnerbrüste ohne Knochen und Haut

6 EL Olivenöl

250 ml Weißwein

Milch und Safranfäden in einem kleinen Kochtopf 10 Minuten auf sehr kleiner Flamme erwärmen. Beiseitestellen.

Mehl salzen und pfeffern und dann die Hühnerbrüste damit panieren.

Olivenöl in einer großen Bratpfanne erhitzen. Die Hühnerbrüste hineinlegen und auf beiden Seiten leicht anbräunen lassen.

Wein dazuschütten und köcheln lassen, bis der Alkohol verflogen ist, dann die Safranmilch über das Huhn gießen. Weiterkochen, etwa 20 Minuten lang, ab und zu wenden, bis das Fleisch völlig gar und die Flüssigkeit fast völlig verdampft ist.

PASTA FREDDA ALLO ZAFFERANO E POMODORI
NUDELSALAT MIT SAFRAN & TOMATEN

FÜR 6 PERSONEN

1 gestrichener TL Safranfäden

500 g Spaghetti oder andere Nudeln

Meersalz

5 EL Olivenöl, auf Wunsch mehr

500 g Cherrytomaten, halbiert

1 Handvoll Basilikumblätter

Die Safranfäden 15 Minuten lang in 2 EL Wasser einweichen.

Nudeln in reichlich Salzwasser kochen, bis sie fast al dente, aber noch ein bisschen fest sind. Abtropfen lassen und in eine Bratpfanne schütten.

Das Olivenöl und den eingeweichten Safran dazugeben und alles auf großer Flamme umrühren. In eine Servierschüssel schütten und bei Zimmertemperatur abkühlen lassen.

Vor dem Servieren die halbierten Tomaten und das Basilikum unterrühren. Wenn nötig, mit Olivenöl übergießen.

CAVOLO NERO CON LE FETTE

BRUSCHETTA MIT SCHWARZ- ODER GRÜNKOHL

FÜR 4 PERSONEN

1 kg Schwarz- oder Grünkohl, Rippen und Stängel entfernt

Meersalz und frisch gemahlener schwarzer Pfeffer

8 Scheiben Landbrot

3 Knoblauchzehen, geschält

Olivenöl zum Beträufeln

Schwarz- oder Grünkohl in breite Streifen schneiden. In einem Topf Salzwasser zum Kochen bringen, bis er weich und zart ist, etwa 20 Minuten. Abtropfen lassen. Nach dem Abkühlen das überschüssige Wasser herausdrücken und die Blätter grob zerkleinern.

Brot rösten (am Besten über der Glut eines Feuers, im Toaster geht es aber auch). Dann mit Knoblauch bestreichen.

Kohl mit einem Löffel auf das Brot geben, mit Salz und Pfeffer abschmecken, großzügig mit Olivenöl besprenkeln und servieren.

ZUPPA FRANTOIANA
OLIVENMÜHLENSUPPE

FÜR 6 PERSONEN

200 g getrocknete Borlotti- (Buschbohnen) oder Cranberry-Bohnen, über Nacht in kaltem Wasser eingeweicht

Meersalz und frisch gemahlener schwarzer Pfeffer

4 EL Olivenöl

1 rote Zwiebel, fein geschnitten

1 Karotte, fein geschnitten

1 Selleriestange, fein geschnitten

500 g Schwarz- oder Grünkohl, Rippen und Stängel entfernt und in Streifen geschnitten

250 g Radicchio oder Chicorée, grob geschnitten

200 g Butternuss- oder Acornkürbis, in kleine Stücke zerteilt

2 Kartoffeln, geschält und in kleine Stücke geschnitten

2 reife Tomaten, geschält, entkernt und in Stücke geschnitten

1 Prise Fenchelsamen

1 Thymianzweig

Zum Servieren

6 Scheiben altbackenes Landbrot

2 Knoblauchzehen, geschält

Olivenöl bester Qualität (wenn möglich frisch gepresst) zum Beträufeln

Die Bohnen abtropfen lassen und in einen großen Kochtopf mit 2 l Wasser geben. Zum Kochen bringen, dann die Hitzezufuhr verringern und leicht zugedeckt köcheln lassen, bis die Bohnen weich, aber nicht breiig sind, ca. 1 1/2 Stunden. Gegen Ende der Garzeit Salz dazugeben.

Eine Kelle der Bohnen zur Seite stellen. Die restlichen Bohnen und die Kochflüssigkeit in einem Mixer oder mit einem Stabrührgerät pürieren.

4 EL Olivenöl, Zwiebel, Karotte und Sellerie in einen anderen Topf geben und auf mittlerer Flamme garen, bis alles weich und aromatisch ist, ab und zu etwas Wasser in den Topf geben, damit das Gemüse nicht anbrennt.

Die pürierten Bohnen mitsamt Flüssigkeit dazuschütten und köcheln lassen. Kohl, Radicchio oder Chicorée, Kürbis, Kartoffeln und Tomaten dazugeben. Fenchelsamen und Thymian hinzufügen und mit Salz und Pfeffer abschmecken. 30 Minuten lang köcheln lassen, gegen Ende die restlichen ganzen Bohnen hineinrühren.

Wenn alles servierbereit ist, das Brot rösten und leicht mit Knoblauch einreiben. Jeweils eine Scheibe in einen Suppenteller legen. Die Suppe darauf verteilen, großzügig mit Olivenöl beträufeln und servieren.

Mario Mariani

Terrakotta

»Im Laufe der Jahre hat sich hier nicht viel verändert.« Mario Mariani schiebt mit einer langstieligen Forke (etwa fünf Meter lang) einen 50 Kilogramm schweren Holzscheit in den hinteren Bereich eines riesigen Brennofens, der in den nächsten drei Tagen auf ca. 1000 °C aufgeheizt wird. »Die Rohmaterialien sind immer noch die gleichen.« Er stellt die Gabel ab und zeigt mir seine schwieligen Hände. »Die hier, *terra*, *aqua e fuoco*.« Erde, Wasser und Feuer. Wie sein Großvater und sein Vater vor ihm stellt Mariani Terrakotta her – oder *cotto*, wie es in der Stadt Imprunetta schlicht genannt wird, wo es seit dem 14. Jahrhundert in hervorragender Qualität hergestellt wird.

Die rötlich orangefarbene, gebrannte Erde ist ein so wichtiger Bestandteil der toskanischen Alltagskultur, dass man sie nach einer Weile gar nicht mehr wahrnimmt. Die Dächer sind mit Terrakottaziegeln gedeckt. Bohnen werden in Terrakotta *cocci* gekocht. Geranien stehen auf Terrakottaterassen in Terrakottatöpfen. Gleiches gilt für Zitronenbäume. Hier ist es zu kalt, um sie draußen überwintern zu lassen, und die vornehmsten toskanischen Häuser stellen ihre Zitronenbäume im Winter in hübsche glasverkleidete *limonaie* (Zitronenhäuser).

Am schönsten sind die hüfthohen Terrakotta-Urnen (*orci*), die traditionsgemäß zur Aufbewahrung von Wein und Olivenöl dienen. Zwei davon flankieren die Tür zu Marianis Haus. Sie stammen aus den Jahren 1617 und 1651 und tragen den Namen ihres Herkunftsortes Impruneta und Vanni – ihres Töpfers. Öl- und Weinurnen aus Terrakotta gibt es in toskanischen Landhäusern oft, je älter desto besser – obwohl sie heute eher dekorativ sind als praktisch benutzt zu werden.

»Die UCAS mochten die alten (bleihaltigen) Glasuren nicht, die Öl und Wein daran hinderten, durch das *cotto* zu sickern«, erläutert Mariani zum Thema *orci*. UCAS? »Ufficio Complicazione di Affari Semplici – Behörde für die Verkomplizierung einfacher Dinge«. In seiner Stimme schwingt amüsierter Hohn darüber, dass der Staat sich in Vorgänge einmischt, die schon seit Jahrhunderten sehr gut ohne diese »Hilfe« funktioniert haben. Er deutet auf eine Holzkiste, die an das kalifornische Napa Valley adressiert ist. »Das« (glasierte *orcio* ohne Gift) »geht an einen kalifornischen Winzer.« Mariani hält sich zwar an Vorschriften, zieht aber gleichzeitig darüber her.

Marianis Brennofen, die Arbeitsräume und sein Haus liegen abseits einer holprigen Straße, die ins Stadtzentrum führt. Die eine Straßenseite ist von *orci* gesäumt,

die andere von Holzstapeln und trockener Heide. An diesem Ort kann man seine Zeit offensichtlich auf angenehme Art und Weise verbringen. »Ich habe immer Freude an der Arbeit gehabt. Weißt du, ich mache das nicht wegen des Geldes. Wenn man mit den Händen arbeitet, muss man die Arbeit mögen.«

»Was braucht man eigentlich, um Terrakotta von Hand herzustellen?«, frage ich Mariani. »Erst machst du den Ton.« Wir gehen um das Haus herum zu einer Baugrube und einem riesigen Erdhügel. Es fällt schwer, die dunkle, schlammartige Farbe mit den warmen Farben der *orci* in Verbindung zu bringen. »Das in der Erde eingelagerte Eisen dehnt sich während des Brennens aus und wird rot«, erklärt er.

Jeden Sommer bringt Mariani seinen Jahresbedarf an Erde, die viele Monate lang in der Sonne getrocknet ist, zu seinem »Erdlager«. Dort wird sie je nach Bedarf zu Pulver zermahlen und dann mit Wasser gemischt, bis sie zu einem festen, klebrigen Ton geworden ist. Die Kacheln, Vasen, Ziegel und Gefäße von Impruneta sind besonders teuer, weil der Mineralgehalt der hiesigen Erde das Produkt kältebeständig macht. Die Terrakottagefäße in den Boboligärten von Florenz stammen aus Impruneta. Die maßgeschneiderten Terrakottagefäße im römischen Quirinale (Präsidentenpalast) wurden von Mariani eigenhändig hergestellt.

* * *

Als ich Wochen später zurückkehre, stehen in der Werkstatt sechs halb fertige *vasi di limoni* (Zitronenbaumvasen), die mit Plastikfolien abgedeckt sind, damit sie nicht austrocknen. Sie wurden weder bildhauerisch geformt noch auf einer Töpferscheibe gedreht, sondern freihändig gebaut. Jede steht auf einer Terrakottafliese.

Die *vasi* sind für eine ortsansässige Adelsfamilie. Mariani hat die Gefäße mit einem kleinen runden Emblem mit ihrem Familienwappen (einem Hengst) dekoriert. Eine Kiste in der Ecke beherbergt den Rest seiner Gipsabdruckformen: Rosetten (für diejenigen unter uns ohne das Privileg eines Adelstitels), das Emblem der Republik Italien, Monogramme und noch mehr Familienwappen.

Mariani winkt mich herüber zu einem der Gefäße. Er bindet sich eine Schürze um die Hüfte, füllt einen Eimer mit kaltem Wasser, entfernt die Abdeckung einer Schubkarre voll Ton und steckt sich eine dünne, handgerollte Zigarre aus der Toskana an. Der Raum liegt im weichen Tageslicht, und alles darin, außer der Zigarette, scheint von einer kalkigen Tonschicht überzogen zu sein. Er geht um das Gefäß herum und klopft den Rand mit einem Holzstab ab. Er steckt sich die Toscano in den Mund, taucht seine Hand in das Wasser und fährt damit am oberen Rand der Vase entlang; dann schöpft er einen Haufen Ton, formt ihn zu einer klobigen Schlange und befestigt sie wie einen Kragen am Vasenrand. Noch einmal befeuchtet er seine Hände und beginnt zu glätten und formen, sodass ich jetzt den elegant geformten Abschlussrand der Vase erkennen kann. Er hält nie inne, Hände und Oberkörper sind vorgebeugt, während seine Beine langsam rückwärts um das Gefäß tanzen.

Ein Freund kommt auf ein Schwätzchen vorbei und will ihm bei der Arbeit zusehen. Sie reden ein bisschen über die Gesundheit ihrer kränkelnden Familienmitglieder, über Marios Blutzucker (etwas zu hoch) und würzen ihr Gespräch mit Redensarten wie *»si va avanti; si fa quello che si può«*, was frei übersetzt lauten kann, »man kommt so über die Runden«, wobei darin weniger Resignation als vielmehr Gelassenheit anklingt.

Mariani lädt uns für den nächsten Freitag zum Abendessen in die Werkstatt ein; er wird dann das nächste Feuer im Brennofen in der dritten Nacht in Folge anzünden. »Bring deine Familie mit«, sagt er zu mir. Es ist Tradition bei den Marianis, mit Freunden zu speisen, wenn der Brennofen am heißesten ist. »Manchmal habe ich schon 90 Leute zum *peposo* hier gehabt«, sagt er zu mir und meint damit den langsam geschmorten Rindereintopf mit Knoblauch, Tomaten, Wein und schwarzem Pfeffer von Impruneta – die traditionelle Speise der Töpfer während der Brennzeit.

»Kann ich etwas mitbringen?« »Nein, nein.« »Wer kocht, deine Frau?« *»Sono scapolo, cucino io.«* Ich bin Junggeselle, ich koche selbst.« »Bezahlen die Leute etwas?« Er lacht und schaut mich an, als ob es die normalste Sache der Welt wäre, einmal im Monat alle Bekannten einzuladen. Ich weiß überhaupt nicht, wie ich mit dieser Art Großzügigkeit umgehen soll, die sich selbst anscheinend noch nicht einmal als solche betrachtet. »Um wie viel Uhr?«, frage ich. »Acht«, antwortet er. »Wir werden kommen.«

PEPOSO ALL'IMPRUNETINA

FEURIGER EINTOPF

Für 6 Personen

1 kg Rinderhaxe

6 Knoblauchzehen, zerrieben

130 g Tomatenpüree

1 EL frisch gemahlenen schwarzen Pfeffer

250 ml roten Tafelwein

Meersalz

Das Fleisch in Stücke schneiden und in eine große, hitzebeständige Kasserole mit schwerem Boden legen. Die restlichen Zutaten hineingeben, nach Geschmack salzen, so viel Wasser hineinschütten, dass das Fleisch knapp bedeckt ist. Auf kleiner Flamme und sehr, sehr vorsichtig ohne Deckel 3 1/2 Stunden unter gelegentlichem Rühren köcheln lassen, bis das Fleisch ganz zart ist.

CROSTINI DI FEGATINI DI POLLO
HÜHNERLEBERCROSTINI

FÜR 6 PERSONEN

3 EL Natives Olivenöl Extra

15 g Butter

1 mittelgroße weiße Zwiebel, klein geschnitten

350 g Hühnerleber, gesäubert und grob zerkleinert

1 Schuss Vin Santo oder anderer süßer Wein

2 in Salzlake eingelegte Anchovis-Filets, abgetropft und klein geschnitten

2 TL eingelegte Kapern, abgetropft und grob geschnitten

Meersalz und frisch gemahlener schwarzer Pfeffer

1 langer Laib Landbrot, dünn geschnitten

Das Olivenöl und die Butter in einem mittelgroßen Topf auf kleiner Flamme erwärmen und die Zwiebel weich und glasig dünsten. Die Hühnerleber und den Wein dazugeben und 30 Minuten unter ständigem Rühren kochen lassen, Wasser nachgießen, falls es zu trocken wird. Vom Herd nehmen.

Die abgekühlte Hühnerleber auf einem Brett möglichst fein schneiden. In die Pfanne zurückschütten, Anchovis, Kapern und 250 ml Wasser dazugeben. Mit Salz und Pfeffer abschmecken.

Aufkochen lassen, dann die Wärmezufuhr verringern und köcheln lassen, bis die Mischung eine zähflüssige Soße ist. Etwas abkühlen lassen.

Die Brotscheiben rösten, mit der warmen Hühnerlebermasse bestreichen und servieren.

INSALATA VERDE
GRÜNER SALAT

Frische Salatblätter, das beste Native Olivenöl Extra der Toskana, Meersalz und nach Geschmack ein kleiner Spritzer Zitrone oder Weinessig sind alles, was man für einen grünen Salat braucht. Rechnen Sie mit zwei Handvoll Salatblättern pro Person. Meine Favoriten sind bittere Salate wie Radicchio (diese sind nicht immer grün) und würziger Rucola. Diese eignen sich wunderbar für ein solch einfaches Dressing.

PESCHE AL VINO
PFIRSICHE IN WEIN

Eine Flasche kräftigen Weißwein (nichts Ausgefallenes, Vernaccia di San Gimignano wäre passend) in eine Karaffe oder Schüssel gießen. Sechs Pfirsiche schälen, halbieren und entkernen, danach das Fruchtfleisch in Stücke schneiden und in den Wein legen. Zudecken und zwei Stunden oder länger in den Kühlschrank stellen. Zum Servieren die Pfirsiche in Schälchen oder flache Glasschüsseln geben. Für 6 Personen.

Sergio Pollini

Kuttelverkäufer

Sie kommen sogar im Regen – meist sind es Florentiner, überwiegend Männer. Sie drängen sich um die dampfenden Kessel, die auf der Ladefläche von Sergio Pollinis dreirädrigen Ape (eine Mischung aus Roller und Lastwagen) stehen und essen Kutteln. Pollinis Vehikel ist gut ausgestattet: Metallene Arme halten ein Leinendach; bei schlechtem Wetter können Plastikplanen an beiden Enden aufgezogen werden; ein Radio spielt alte italienische Akkordeonmusik, und es gibt ein paar Stühle. Die meisten Leute essen jedoch lieber am Tresen. Vornehm geht es nicht zu, aber das stört offenbar niemanden. Die Florentiner mochten es schon immer, wenn jemand die Fähigkeit hatte, Einfallsreichtum und gutes Essen unter einen Hut zu bringen.

Ein Mann mit Wollmantel und Hut, silbergrauen Haaren und einer Zeitung unter dem Arm schreitet auf den Stand zu. »*Panino, bagnato sotto e sopra. Con sale e il pizzico.*« Dies ist eher eine Feststellung als eine Frage – sie kommt von Pollini, der anscheinend ziemlich sicher ist, dass der Herr gekochten Rindermagen mit Chilisoße und Salz sowie ein in Fleischbrühe getauchtes Brötchen haben möchte. Der Mann nickt und schlägt seine Zeitung auf.

Pollini schaut mich an und lacht. Er trägt eine weiße Schürze, lächelt verschmitzt, nennt seine Kundinnen »*amore*« und jeden Mann unter 60 »*figliolo*« (Sohn). »*I tuoi compatrioti non mangiano queste cose.*« Das stimmt. Meine Landsmänner (und damit meine ich Amerikaner, obwohl man das auch von vielen anderen behaupten könnte) essen so etwas normalerweise nicht. Florentiner dagegen vertreten die Ansicht, dass die meisten Teile eines Tieres unsere gastronomische Würdigung verdienen.

»Seit Beginn des 20. Jahrhunderts hat es an diesem Platz einen *trippaio* (Kuttelverkäufer) gegeben«, erklärt Pollini. Er ist seit zehn Jahren Kuttelverkäufer. Davor verkaufte er auf dem Markt von San Lorenzo Kleidung. »Es gibt vier oder fünf Kuttelverkäufer in der Altstadt. Nirgendwo sonst in Italien findet man Kuttelstände wie diese … nirgendwo in der Toskana, um bei der Wahrheit zu bleiben«, sagt er. »*È una cosa fiorentina.*« Das ist eine florentinische Sache.

Als *trippa* bezeichnet man die milchig weiße Magenschleimhaut im Vormagen von Wiederkäuern (in diesem Fall Rind); *lampredotto* (außerhalb von Florenz auch als *abomaso* bekannt) ist der eigentliche Endmagen. Pollini verkauft sowohl *croce* (weiches, weißes Kuttelgewebe) als auch *cuffina* (schwammartiger Netzmagen) und verwendet beides in regionalen Gerichten wie *trippa alla fiorentina* (Kuttelgericht mit Tomaten und geriebenem Parmesan) und *insalata di trippa* (ein Kuttelsalat mit Oli-

venöl und Zitrone). *Lampredotto* ist etwas ganz anderes – violettbraun, zerknittert wie ein Taschentuch, dennoch von seidenweicher Beschaffenheit, mit einem milden Geschmack (der ganz vage an Bauernhof erinnert). Er verkauft auch noch *matrice* (gekochte Kuhgebärmutter), klein geschnitten und nur mit Zitrone, Salz und Pfeffer gewürzt, den an diesem bestimmten Morgen ziemlich viele Damen gekauft und mit nach Hause genommen haben.

Pollini hebt den Deckel von einem der Töpfe hoch. *Lampredotto* und Kutteln brutzeln in einem dicken, braunen Sud, in dem außerdem klein geschnittene Karotten, Zwiebeln, Sellerie und Tomaten sind. Er schöpft ein Stück *lampredotto* heraus, legt es auf ein Schneidebrett und schlitzt es auf. In nur 20 Sekunden schneidet er eine Rosette aus Brot (feste Kruste außen, weich im Inneren) mittendurch, spießt die Hälften mit einer langstieligen Gabel auf und taucht sie in den Sud, dann belegt er das Brot mit Fleisch, würzt es mit einer Prise Salz und einem Spritzer *salsa piccante*, wickelt es in Papier ein und überreicht es, zusammen mit einem Becher Rotwein, dem Herrn mit dem grünen Hut. Eine solche Delikatesse kostet weniger als vier Euro.

»Wir haben hier alle möglichen Kunden – Arbeiter, Adlige, Hausfrauen, ein paar neugierige Touristen … aber meist Florentiner. Manche Leute kommen fast täglich.« *Panini al lampredotto* steht immer auf der Speisekarte, aber ein oder zwei kulinarische Angebote variieren mit der Jahreszeit oder Pollinis Laune. Heute gibt es *lampredotto in zimino* (Kalbsmagen, zubereitet wie Tintenfisch, d. h. in Florenz normalerweise mit Tomaten, *peperoncino* und Mangold). »Morgen mache ich Kutteln mit Tomaten und weißen Bohnen. Übermorgen *chissà*?« Wer weiß? Eines ist sicher – was auch immer er macht, es ist auf jeden Fall besser als die pappigen, aufgewärmten Pizzastücke und Cola aus Dosen, die die Touristen als Mittagessen bezeichnen.

LAMPREDOTTO IN ZIMINO
RINDERMAGEN MIT MANGOLD

FÜR 4 PERSONEN

1 kg Mangold, mit Blättern und Stängeln

Meersalz und frisch gemahlener schwarzer Pfeffer

600 g Rindermagen vom 4. Magen des Ochsen (vom Metzger gereinigt und gekocht)

3 TL Olivenöl

3 Knoblauchzehen, zerquetscht

2 getrocknete Chilis, zerrieben

400 g italienische Eiertomaten aus der Dose, geschnitten

Den Mangold fünf Minuten lang in leicht gesalzenem Wasser kochen, dann abtropfen lassen, eine Kelle voll Kochwasser aufbewahren. Nach dem Abkühlen Blätter und Stängel grob schneiden.

Den Magen unter fließendem kalten Wasser waschen, dann in dünne Scheiben schneiden und beiseitestellen.

Olivenöl und Knoblauch in einer Bratpfanne erwärmen, bis der Knoblauch goldbraun ist. Den Magen und die Chilis dazugeben und ein paar Minuten auf mittlerer Flamme anbraten. Jetzt die Tomaten hineinrühren, mit einem Holzlöffel in der Pfanne zerkleinern. Zudecken und 40 Minuten köcheln lassen, öfter umrühren.

Mangold in das beiseitegestellte Kochwasser geben. Mit Salz und Pfeffer abschmecken und vor dem Servieren 15 Minuten lang köcheln lassen.

INSALATA DI TRIPPA
KALBSKUTTELNSALAT

FÜR 4 PERSONEN

400 g Kalbskutteln, vom Metzger gereinigt und gekocht

1 kleine rote Zwiebel, fein geschnitten

1 kleiner Bund glatte Petersilie, geschnitten

100 g eingelegte Oliven, entkernt

4 EL Olivenöl

Saft 1/2 Zitrone

Meersalz und frisch gemahlener schwarzer Pfeffer

Die Kutteln unter kaltem Wasser gut waschen, dann gut abtrocknen und in dünne Scheiben schneiden.

Zwiebeln, Petersilie und Oliven in einer Salatschüssel unter die Kutteln mischen. Mit Olivenöl und Zitronensaft übergießen und nach Geschmack mit Salz und Pfeffer abschmecken. Gekühlt oder bei Raumtemperatur servieren.

Contini Bonacossi

Adlige Winzerfamilie

Es ist ein Morgen Ende November, und die Gräfin Lisa Contini Bonacossi erwartet 30 Gäste zum Mittagessen. Die steile Auffahrt zur Villa di Capezzana ist von Zypressen flankiert, und die verblassten ockerfarbigen Mauern und verwitterten Statuen sind von Patina überzogen. Die Weinlese ist längst beendet, und die Weinberge erstrahlen ein letztes Mal farbig, bevor die Blätter von den Stöcken leblos zum Boden schweben.

Der Koch Patrizio Cirri steht in einer der vier Küchen des Weingutes und bereitet ein Essen zu, dessen Vorspeise aus geröstetem Brot mit frischem Olivenöl besteht und dessen Nachspeise ein süßer Fingerhut voll Vin Santo (heiliger Wein) ist, dem unbestreitbar besten Wein der ganzen Toskana. Dazwischen gibt es flache Schalen mit Risotto, Lauch und Kürbis, Kalbseintopf mit Schmorkartoffeln und alle Arten von Capezzanaweinen – von zwei Monate altem, rosaroten Vin Ruspo bis hin zu Ghiaie del Furba, einer üppigen Mischung aus Cabernet, Merlot und Syrah, der nach dem Fluss Furba benannt ist, der durch das Weingut fließt.

Trotz all seines atemberaubenden, altehrwürdigen Prunks herrscht im Anwesen von Capezzana reges Treiben. Felsenfester Mittelpunkt ist die silberhaarige, geradlinige 83-jährige Gräfin, die gerade an diesem Morgen damit fertig geworden ist, im repräsentativen Garten ordentliche Reihen von Tulpenzwiebeln zu setzen. Ihr Gatte, Graf Ugo Contini Bonacossi, mit dem sie seit über 50 Jahren verheiratet ist, ist gerade in einem der Weinberge und sieht nach einem Bewässerungsteich, den er im Sommer angelegt hat. Ihr Sohn Filippo (der jüngste von sieben) befindet sich an diesem Tag auf der gegenüberliegenden Straßenseite in der Olivenmühle, um das Pressen und die Anlieferung der Oliven zu beaufsichtigen, die von den 25000 Olivenbäumen des Anwesens geerntet wurden. Diese kamen in ganzen Wagenladungen, sind apfelgrün oder schwarz wie die Nacht. Beatrice (»Bea«, die jüngste Tochter und ihrer Mutter vom Temperament her am ähnlichsten) telefoniert im Büro mit einem ausländischen Händler. Beas ältere Schwester Benedetta verbringt den Vormittag unterhalb der Renaissancevilla in dem Weinkeller aus dem 16. Jahrhundert.

In der Toskana gibt es viele Weingüter, aber nur wenige können sich auf eine Tradition wie die von Capezzana berufen, das sich seit etwa 1920 im Besitz der Contini Bonacossi befindet. Ein Schriftstück aus dem Jahr 804 nach Christus verrät, dass schon zur Zeit Karls des Großen auf Capezzana Reben und Bäume angebaut wurden, um Wein und Olivenöl zu gewinnen.

* * *

Die Gräfin führt mich über den Innenhof zu einem Rosengarten, in dem trotz der späten Jahreszeit noch sehr viel blüht, und pflückt eine Mandarine vom einzigen Baum, der noch nicht zum Überwintern ins Zitronenhaus gebracht wurde. »Im Frühjahr muss ich 20 weiße Rosensträucher pflanzen«, sagt sie. »Sandra will nur weiße Blüten.« Die älteste Tochter der Bonacossis ist in diesem Jahr gestorben, und die Gräfin spricht oft von ihr, immer im Präsens.

Bei Kaffee und einem nach Orangen duftenden Stück Olivenölkuchen – mit würzigem, grünen, erntefrischen Olivenöl statt mit Butter gebacken – sinniert sie über den Tag, an dem sie an die Hintertür des Sommerhauses ihres zukünftigen Gatten klopfte. »Meine *nonna* Beatrice lud im Sommer immer alle Enkel nach Forte dei Marmi ein. Es gab einen Raum für die Jungs und einen für die Mädchen. Das Haus lag versteckt in einem Pinienhain, deshalb nannten wir es *la Pineta*.« Sie erinnert sich an die Einzelheiten, als ob es gestern gewesen wäre, aber die Erzählung klingt wie ein Märchen. »Es war ein Mittwochmorgen, ein Markttag, und ich bin mit meiner Schwester zum Marktplatz geradelt. Meine Fahrradreifen blieben in den Straßenbahnschienen stecken, ich stürzte und hatte ein paar Schürfwunden. Meine Schwester brachte mich zum Haus von Ugo.« Sie war 16 und er 18 – und sie durften nicht zusammenkommen, sie erinnert sich aber daran, dass *la Pineta* für sie zur Visitenkarte wurde und sie am selben Tag der Familie vorgestellt wurde.

Ein paar Jahre danach lebte sie mit ihren Eltern im Veneto. Sie studierte in Padua Chemie, die Universität wurde jedoch während des Krieges geschlossen. »Ugo und zwei Freunde waren auf dem Weg von Venedig nach Florenz und tauchten in einem

winzigen Fiat 500 bei uns auf.« Kurz entschlossen fuhr sie mit ihnen zurück nach Florenz, um ihr Studium fortzusetzen. 18 Monate später haben sie geheiratet. Während sie ihre drei ältesten Kinder aufzog, legte sie ihr Examen ab und lehnte eine Anstellung als Assistentin im Forschungsbereich der Universität damals nur ab, weil sie merkte, dass sie wieder schwanger war ... mit Zwillingen.

* * *

Graf Ugo – mit 85 Jahren erstaunlich lebhaft – betritt den Raum, ohne mich zu bemerken, da seine Aufmerksamkeit dem Rosensträußchen gilt, das er in den Händen hält. »*Attenta*. Sie sind voller Dornen.« Sie nimmt die Blumen entgegen und lässt die zarten unteren Blüten in der mit ihren beiden hohlen Händen gebildeten Schale ruhen. »Hast du sie am Teich gepflückt?« »*Si.*« »Wie sieht er aus?« »Leer. Aber wenn es regnet, wird es klappen.« In diesem Moment liegt eine starke, innige Vertrautheit, und ich fühle mich einerseits wie ein Eindringling und andererseits beflügelt. Es gibt eben nichts Romantischeres, als einen Mann, der nach 50 Jahren Ehe für seine Frau Blumen pflückt, obwohl vor seiner Tür ein ganzer Rosengarten steht.

Ich strecke ihm meine Hand entgegen, der Graf verbeugt sich und küsst sie, ohne sie zu berühren, mit einer höfischen Geste, als wäre ich selbst Teil einer alten Adelsfamilie. »Lori möchte die Räume mit dem Vin Santo sehen«, erklärt ihm Lisa, und er übernimmt pflichtbewusst die Führung, als ob er nichts auf der Welt lieber täte.

Wir gehen zurück über den Innenhof und durch die *limonaia*, wo die Bäume überwintern, es nach Nektar duftet und trotz der Kälte Blumen blühen. Wir betreten einen rechteckigen Raum, durch dessen Fenster der kalte Nordwind bläst. Der Raum erscheint wie ein riesiges Stillleben. Schwere Zweige mit Trebbiano, Malvasia und San Colombano, an denen Trauben hängen, liegen hier zum Trocknen, auf Binsenmatten gereiht, die in handgezimmerte Bambusgestelle gespannt sind. Eigentlich sind die Trauben »weiß«, erscheinen aber warm und dunkel, in die dunklen Ockertöne eines Ölgemäldes getaucht. Sie werden hier bis Februar liegen und danach fünf Jahre lang in kleinen *caratelli* (Kastanien- und Eichenfässern) zu Wein heranreifen.

Die *vinsantaia*, in denen der Wein reift, sind überraschenderweise – und absichtlich – nicht gegen Temperaturschwankungen geschützt, obwohl die Sommer glühend heiß und die Winter klirrend kalt sein können. »Der Temperaturunterschied verleiht dem Vin Santo sein komplexes Aroma und den Geschmack«, erklärt der Graf.

Die Mühe und der Zeitaufwand bei der Herstellung des beliebtesten Süßweines der Toskana erklären, warum die allgegenwärtigen Billigversionen, die unausweichlich beim Nachtisch in einer *trattoria* zusammen mit einer Schale getrockneter *biscottini di prata* auftauchen, meist klebrig und trocken sind. Der Graf ist entsetzt bei der Vorstellung, dass jemand Plätzchen in den Vin Santo aus Capezzana taucht. »Erst kürzlich erreichte dieser Platz sieben unter den besten hundert Weinen«, sagt er. »Du würdest doch kein Plätzchen in einen französischen Wein tauchen, oder?«

»*Un buon Vin Santo è un vino da meditazione*«, erklärt er. Das bedeutet nicht, dass man während des Trinkens meditieren muss, sondern nur, dass er es Wert ist, pur genossen zu werden. »Wenn in der Toskana nachmittags ein Freund vorbeikommt, bietet man ihm ein kleines Glas guten Vin Santo an … und keinen Tee.« Er wirft einen diskreten Blick auf die Uhr und erklärt, dass es Zeit für das Mittagessen ist.

Am Ende einer köstlichen, langen Mahlzeit werden die Tische abgeräumt, und ein Tablett mit winzigen Kelchen mit Rillen und einer 375-ml-Flasche Vin Santo wird vor uns abgestellt. Der Graf gießt für jeden von uns ein Glas mit honigsüßem, bernsteinfarbigem Wein ein. »Ich sage immer, dass die Weinherstellung nicht bewegungslos ist – sie ist wie ein Schiff, das sich vorwärtsbewegt. Wir bauen auf unseren Erfahrungen auf.« Er macht eine Pause und nimmt einen vorsichtigen Schluck aus seinem Glas. »Der Vin Santo aber ist wie eine Statue. Man kann ihn nicht verbessern.«

RISOTTO CON PORRI E ZUCCA GIALLA

RISOTTO MIT LAUCH UND KÜRBIS

FÜR 4 PERSONEN

400 g Kürbis (Butternuss, Acorn, Kabocha oder Calabaza)
2 Lauchstangen (nur die weißen Teile)
3 EL Natives Olivenöl Extra
1,5 l heiße Hühner- oder Rinderbrühe
1 TL glatte Petersilie, fein geschnitten
60 g Butter
1 kleine gelbe Zwiebel, fein geschnitten
450 g Arborio Reis
60 ml trockener Weißwein
50 g Parmesan, frisch gemahlen

Den Kürbis zerkleinern, die Schale und den Samen wegwerfen, beiseitestellen.

Den Lauch in schmale Streifen schneiden und mit dem Olivenöl in eine mittelgroße Bratpfanne legen. Auf kleiner Flamme kochen, bis der Lauch zart, aber nicht braun ist, alle paar Minuten einen Schuss Brühe dazugeben, damit nichts anbrennt.

Nach 10 Minuten den Kürbis dazugeben und gut rühren. Auf kleiner Flamme 30 Minuten lang erhitzen, ab und zu etwas Brühe dazuschütten. Am Ende der Garzeit die Petersilie dazugeben und die Pfanne beiseitestellen.

Die Brühe in einem Topf köcheln lassen. 40 g Butter in einem mittelgroßen Topf zum Schmelzen bringen. Die Zwiebel dazugeben und auf kleiner Flamme weich und glasig dünsten. Die Hitzezufuhr erhöhen, den Reis hinzufügen und kochen lassen, 1 Minute umrühren, bis er leicht gebräunt ist. Den Wein dazugießen und verdampfen lassen.

Den Reis mit so viel Brühe erhitzen, dass er bedeckt ist. So lange rühren, bis er einen Großteil der Flüssigkeit aufgesogen hat. Unter ständigem Rühren weiter kleine Mengen Brühe dazugießen. Nach 15 Minuten Lauch und Kürbis dazugeben und gut umrühren. Einige Minuten lang weiterkochen, wenn nötig, noch mehr Brühe hinzufügen. Der Risotto sollte weich, aber nicht wässrig sein.

Die Pfanne vom Herd nehmen und die restliche Butter sowie den geriebenen Parmesan unterrühren. Den Risotto vor dem Servieren ein paar Minuten stehen lassen.

SPEZZATINO ALLA CASALINGA
LÄNDLICHER KALBSEINTOPF

FÜR 4 PERSONEN

750 g Kalbsschulter ohne Knochen

40 g Mehl

6 EL Natives Olivenöl Extra

1 kleine gelbe Zwiebel, fein geschnitten

1 Karotte, fein geschnitten

1 Selleriestange, fein geschnitten

2 Gewürznelken, zerrieben

60 ml Rotwein

400 g italienische Tomaten aus der Dose

2 Lorbeerblätter

Meersalz und frisch gemahlener schwarzer Pfeffer

Das Kalbfleisch in mittelgroße Würfel schneiden und großzügig mit Mehl bestäuben.

3 TL Olivenöl in einer Pfanne mit schwerem Boden erhitzen. Das Fleisch dazugeben und etwa fünf Minuten lang anbraten, die Kalbfleischwürfel wenden, damit sie auf allen Seiten durchbraten.

Das restliche Olivenöl in einer separaten Bratpfanne erwärmen und die Zwiebel, die Karotte und den Sellerie mit den Nelken auf mittlerer Flamme sautieren, damit sie weich und hellbraun sind. Das Fleisch dazuschütten und drei Minuten lang kräftig rühren.

Den Wein hineingießen, den Alkohol verdampfen lassen und weiterköcheln lassen. Tomaten, Brühe und Lorbeerblätter dazugeben, mit Salz und Pfeffer abschmecken. Auf kleiner Flamme zwei Stunden lang unter gelegentlichem Umrühren erhitzen. Die Lorbeerblätter entfernen und vor dem Servieren noch einmal würzen.

TORTA DI CAPEZZANA
OLIVENÖLKUCHEN

FÜR 8 PERSONEN

Butter zum Einfetten der Backform

300 g Mehl, plus einer zusätzlichen Menge zum Bestäuben

1 EL Backpulver

3 große Eier

300 g Streuzucker

300 ml bestes Natives Olivenöl Extra

300 ml Milch

1 TL geriebene Orangenschale

Saft einer Orange

Den Ofen auf 180 °C (Gas Stufe 4) vorheizen. Eine Kuchenform mit Butter einstreichen und mit Mehl bestäuben. Mehl und Backpulver mischen und beiseitestellen.

Die Eier in einer großen Schüssel schlagen, bis sie hellgelb sind. Vorsichtig Olivenöl, Milch, Orangenschale und Saft unterziehen, dann das gemischte Mehl so lange unterrühren, bis alles gemischt ist.

In die vorbereitete Kuchenform schütten und 45 Minuten backen, bis der Kuchen goldbraun ist und ein hineingesteckter Spieß sich trocken herausziehen lässt. Auf einem Gitter abkühlen lassen.

Paolo Fanciulli

»Pescaturismo«

»8.00 Uhr. Komm nicht zu spät. Das Boot heißt La Sirena – du kannst es nicht verfehlen.« Paolo Fanciullis Stimme ist freundlich, aber mit einer Spur von Autorität. Er nimmt uns zum Fischen mit. Er wird uns sogar Frühstück und Mittagessen zubereiten. Aber ich glaube, dass er uns stehen lässt, wenn wir nicht total pünktlich sind.

Es ist nicht schwer, die La Sirena zu finden: Sie liegt zwischen Segelbooten und vertäuten Jollen im Hafen von Talamone, am südlichen Ende von Italiens letztem nennenswerten Stück unberührter Küstenlinie: *Il Parco Naturale dell'Uccellina*. Zusammen mit drei weiteren Familien (acht Kinder und vier Sprachen) klettern wir an Bord, gehen um einen riesigen Berg aus Fischernetzen (ausgerollt 1 1/2 Kilometer lang) und setzen uns auf die hölzernen Bänke, die das Deck säumen.

Die meisten mir bekannten Fischer waren wortkarg, ja schon fast grob – Schäfer des Meeres, die besser Netze reparieren als ein Gespräch führen können. Ganz anders Paolo. In einen verschlissenen Armeedrillich gekleidet, mit kurz geschnittenem Haar und seiner Seemannsbräune ist er überall gleichzeitig – erkundigt sich nach unseren Namen, reicht Zeitungsausschnitte, Fotoalben und wissenschaftliche Zeitungen herum, bindet ein Motorschlauchboot am Schiff fest.

Das Meer ist ruhig und strahlend blau, der Tag ist klar, sodass man den Monte Argentario und die Insel Giglio am Horizont sehen kann. Während wir den Hafen verlassen, kommt Paolos österreichische Freundin Hildegard mit dem Frühstück aus der Kabine: Espresso, Saft, gesalzenes Fladenbrot und ein Apfelkuchen. Die hübsche Hildegard mit ihren Rehaugen, einem Pferdeschwanz und einem atemberaubenden Dekolleté gehört zu jenen Frauen, bei deren Anblick sich andere Frauen wie

Holzfäller vorkommen. Ihre Stimme sprudelt melodisch, während sie sich fröhlich ihren Weg über das Boot bahnt, Kaffee einschenkt und auf Sehenswürdigkeiten deutet.

Paolo erklärt uns gleich zu Beginn den Zweck unseres Ausflugs. Wir sind »*pescaturisti*« (Fischtouristen), nicht nur um etwas Köstliches für das Mittagessen zu fangem, sondern wir sollen den Unterschied zwischen nachhaltiger Fischerei und den Fangmethoden kennenlernen, die die Ökostruktur der gesamten Küste bedrohen. Er spricht uns nicht als Gruppe an, sondern wendet sich an jeden Einzelnen von uns, drückt mir einen Zeitungsartikel über die Trawl-Fischerei in die Hand, während er mit einem neunjährigen Jungen über »Fischhäuser« und vom Aussterben bedrohtes Seegras spricht. Als ich ihn frage, wie lange er schon Fischer sei, antwortet er: »*Da sempre.*« Schon immer, obwohl er erst 1986, mit 25 Jahren, Aktivist geworden ist.

»In meiner Kindheit wimmelte das Meer von Fischen.« Um seiner Rede Nachdruck zu verleihen, spricht er mit konspirativ leiser Stimme, und ich beuge mich nach vorne, um ihn besser hören zu können. »*Ora il pesce non c'è più.*« Es gibt keinen Fisch mehr. Trawler schleifen 5000 Kilogramm schwere Fischernetze am Meeresboden vor der Küste entlang. »Sie dürfen nur bei einer Wassertiefe von mindestens fünfzig Metern und mindestens fünf Kilometer von der Küste entfernt fischen, halten sich aber nicht an diese Regel.« Die Netze walzen alles, was ihnen in den Weg kommt, nieder und zerstören Pflanzen, Laichgründe und Meeresbiotope. Laut Paolo gefährdet jedes Kilogramm Fisch, das an Bord gezogen wird, 100 Kilogramm der Lebewesen im Meer.

Wir schippern am Rande des Parks die Küste entlang. Die Wälder sind voll von Rotwild, Wildschweinen, Dachsen, Füchsen und Zugvögeln. Der Park wäre überall ein schöner Anblick, aber in Italien – wo es meistens von Menschen, grellbunten Liegestühlen und Restaurants nur so wimmelt – überrascht diese Ursprünglichkeit.

Paolo erzählt uns, dass der Meeresboden entlang der Küste einmal so üppig bewachsen war wie die *macchia* (das wilde mediterrane Buschland). »Wenn die Menschen den Meeresboden genauso sehen könnten wie die abgeholzten Wälder, wären sie empört. Das Seegras *Posidonia oceanica* reichert das Wasser mit Sauerstoff an, ist ein Lebensraum für Fische und verhindert die Erosion an der Küste.« Er reicht mir die Unterwasserfotografie einer Posidoniawiese, die von Schleppnetzen zerstört wurde. Es ist so trostlos wie ein verlassener Parkplatz.

Vor zwanzig Jahren beschloss Paolo, die Öffentlichkeit und die Behörden auf die Probleme aufmerksam zu machen, die durch die Schleppnetze entstanden. Er schrieb Zeitungsartikel und appellierte an Regierungsbeamte, sich eine bessere Strafe für die Trawler als die lächerlichen 500 Euro einfallen zu lassen. Im Jahr 1992 stellte er fest, dass die Bürokratie ihm nicht helfen würde. »Da kam mir die Idee zum *pescaturismo*«, erklärt er. Er ähnelt dem beliebten Konzept des *agriturismo*. »Die Menschen lieben diese Gegend. Ich dachte, wenn ich ihnen zeige, was hier vor sich geht, würden sie allen davon erzählen und versuchen, zu helfen.«

Paolos Fähigkeit, die bedrückende Realität mit visionärem Optimismus zu verbinden, war sehr nützlich für seine Sache. Jahrelang hat er geholfen, »*case per i pesci*« (Fischhäuser) dort auf dem Meeresboden zu verteilen, wo das Fischen mit Schleppnetzen verboten ist. In diesem Sommer wurden fast 250 *dissuasori* entlang der toskanischen Küsten versenkt (30 davon finanziert durch Spenden von Paolo und seinen *pescaturisti*). Sie sehen ein wenig aus wie riesige Vogelhäuser aus Beton, wiegen jeweils eineinhalb Tonnen, und sind ausgestattet mit Haken, die stark genug sind, ein Schleppnetz der Länge nach aufzureißen, wenn nicht sogar ein Boot zum Kentern zu bringen. Man hofft, dass die Haken Trawler fernhalten und dass die leeren Kisten sichere Verstecke zur Eiablage der Fische werden.

* * *

»Seitdem haben wir keinen Trawler mehr gesichtet«, sagt Paolo freudig erregt. Er signalisiert seinem Deckhelfer Marcus, der bereits das Netz ausgerollt hat, ihm zu helfen. Trotz seiner Masse ist das Netz zart und empfindlich; während sich das Boot vorwärtsbewegt, lässt es Paolo durch die Hände ins Meer gleiten und spult es über ein Rad in das klare Wasser ab. Einen Augenblick lang ist er nicht mehr unser Kapitän, sondern ein Fischer, der in seiner Tätigkeit aufgeht. Ein kurzer Moment der Unaufmerksamkeit reicht aber aus, um sich im Netz zu verfangen, über Bord gezogen und in einem Gewirr aus Netz in die Tiefe gezogen zu werden.

Es sieht schön aus, wenn das Netz ins Wasser gleitet, aber der Moment, in dem es wieder herauskommt, ist unvergleichlich. »*Un grongo*!« Paolo zieht einen Dornfisch aus dem Netz und wirft ihn in die Kühlbox. »*Un pesce sorriso*!« Ein Rochen – zu klein für den Fang. Bevor er ihn ins Meer zurückwirft, lässt er aber die Kinder mit den Fingern über dessen knubbeligen Rücken streichen. Paolo kann aus fünf Metern Entfernung erkennen, was sich im Netz befindet: eine graue Meeräsche voller Rogen; eine Brasse; ein giftiger Skorpionfisch; ein glattbäuchiger Thunfisch. Über uns schweben Möwen und warten auf Abfälle: ein angefressener Tintenfisch; ein *pesce prete*, dem eine Krabbe die Augen ausgekratzt hat – im Meer geht es rauer zu, als man ahnt. Die Kinder sind begeistert, bereits nach fünf Minuten gar nicht mehr zimperlich und wollen helfen. Sie befreien Fische aus den Netzen, werfen die kleineren zurück, pfeifen den Möwen zu und löchern Paolo mit Fragen. So sollte Unterricht sein.

Das Netz ist eingeholt, das Deck voller Fische, und wir fahren zu einer Bucht, an deren verlassenem Kieselstrand jede Menge Treibholz liegt. Hildegard verschwindet mit ein paar Weidenkörben in den Wäldern. Paolo sitzt, umgeben von den Kindern, am Strand und säubert unseren Fang. Die meisten der Erwachsenen schwimmen oder faulenzen in der Sonne.

»*Tutti a pranzo*!«, ruft Hildegard, und wir folgen ihr durch die Wälder hinauf zu einem langen Holztisch. Es gibt Vermentino aus dem an der Küste gelegenen Tal Maremma – kühl, frisch und so süffig, dass man die ersten paar Gläser wie Wasser trinkt. »Die Pasta gibt es vor den Antipasti«, verkündet Paolo, »weil der Geschmack etwas Besonderes ist und ich sichergehen will, dass ihr ihn auch wirklich schmeckt.«

Ich spähe in den Topf über dem Herd. Rossetti! Kleine, rote Fische, nur Hummer ist teurer und noch schwerer zu bekommen. Hildegard hat sie mit Schalotten, Wein, einem Hauch Zucchini, Auberginen und Kapern zubereitet. Sie wirft die Pasta mit der Soße, einem Zitronenspritzer und etwas Petersilie hoch und verteilt danach alles großzügig auf die Teller. Obwohl sie keine Italienerin ist, kocht sie wie eine.

Als Nächstes kommt geröstetes Brot mit Knoblauch und Olivenöl, garniert mit roter Paprika, Tomaten und Basilikum, dann mit der Rossettisoße übergossen. Paolo hat auch den Thunfisch aufgeschnitten, roh auf Brot gelegt und dann mit etwas Olivenöl übergossen. »*Sushi maremmano*«, nennt er es. Ein vernünftiger Mensch würde sich beim Essen bei dieser Fülle an gegrilltem Fisch zurückhalten. Aber wir sind nicht vernünftig – wir freuen uns, schlemmen hemmungslos, während die Sonne, der Wein, die Gesellschaft und alles, was wir bis jetzt probiert haben, die Sinne erwärmt.

»Jetzt werdet ihr den Unterschied zwischen *pesce povero* und dem Wahren erleben«, sagt Paolo zu uns. »Bei so frischem Fisch ist es ein Verbrechen, mehr als einen Spritzer Zitrone, Salz, Olivenöl und ein paar Rosmarinzweige hinzuzufügen.« Als die Platte auf den Tisch kommt, ist das wie eine Offenbarung. »*Orata, dentice, mormora, sarago, mazzone, muggine* …« Paolo intoniert die Namen der Fische, und es hört sich ein wenig an wie eine Ode an ein müdes und schönes Meer.

PASTA ALLE ROSSETTI DI HILDEGARD
HILDEGARDS NUDELN MIT ROSSETTI

FÜR 4 PERSONEN

4 EL Olivenöl

1 kleine gelbe Zwiebel, fein geschnitten

1 Schalotte, fein geschnitten

1 kleine Aubergine, fein geschnitten

1 Zucchini, fein geschnitten

300 g Rossetti oder ein anderer Meerfisch, filetiert und in Stücke oder Streifen geschnitten

125 ml trockener Weißwein

1 Chili, zerrieben

1 TL eingelegte Kapern, abgetropft

400 g Penne oder andere Nudeln

Meersalz

1 TL geriebene Zitronenschale

1 TL Zitronensaft

1 EL glatte Petersilie, fein geschnitten

Das Olivenöl in einer Bratpfanne erhitzen und Zwiebel, Schalotte, Aubergine und Zucchini dazugeben. Auf kleiner Flamme köcheln, bis das Gemüse weich ist, etwas Wasser dazugeben.

Den Fisch dazugeben und 3 Minuten aufkochen. Wein dazugießen und köcheln lassen, bis der Alkohol verflogen ist. Chili und Kapern darüberstreuen, die Soße gut umrühren.

Nudeln in reichlich Salzwasser kochen. Zitronensaft und Petersilie in die Soße rühren. Wasser abschütten, Nudeln mit der Soße vermischen.

GRIGLIATA MISTA DI PESCE
GEMISCHTER GRILLFISCH

FÜR 6 PERSONEN

3 kg Meeresfische (Brasse, Seebarsch, Meerbarbe und Scholle wären ideal), entschuppt und entgrätet

Olivenöl zum Bestreichen

4 Rosmarinzweige

Meersalz und frisch gemahlener schwarzer Pfeffer

1 Zitrone, in Scheiben geschnitten

Einen Holzkohlegrill oder ein Grillgerät auf mittlere Hitze vorheizen. Den Fisch in ein eingeöltes, doppelseitiges Grillgitter für Fische legen. Das Gitter so befestigen, dass der Fisch nicht herausfallen kann.

Grillen Sie den Fisch, bis er leicht gebräunt und knusprig ist, das Gitter dabei einmal wenden. Während des Grillens den Fisch mithilfe der Rosmarinzweige mit Öl bestreichen. Nach Geschmack mit Salz und Pfeffer abschmecken und mit den Zitronenschnitzen servieren.

POLENTA CON LE SEPPIE
POLENTA MIT TINTENFISCH

FÜR 6 PERSONEN

Für die Polenta

2 EL Salz

200 g Polenta

Für den Tintenfisch

1 kg kleine Tintenfische mit den Tintensäcken

5 EL Olivenöl

1 gelbe Zwiebel, fein geschnitten

2 Knoblauchzehen, zermahlen

Meersalz und frisch gemahlener schwarzer Pfeffer

125 ml trockener Weißwein

Für die Polenta langsam 1,5 l Wasser in einem mittelgroßen Topf zum Kochen bringen. Salz hinzugeben. Die Polenta langsam hineinstreuen und ständig mit einem Schneebesen umrühren, damit sich keine Klumpen bilden. Auf mittlere Flamme zurückdrehen. Sobald nach einigen Minuten die Polenta eindickt, die Wärmezufuhr ganz abstellen.

Während des Kochens für etwa 30 bis 40 Minuten regelmäßig umrühren. Die Polenta ist fertig, wenn sie sich leicht von der Topfwand lösen lässt.

Zur Zubereitung des Tintenfisches Kopf und Greifarme vom Körper abtrennen. Die Tintensäcke beiseitelegen, die transparente Hülle und die anderen Innereien wegwerfen. Mund und Augen abschneiden. Den Beutel und die Greifarme unter fließendem, kalten Wasser waschen. Die graue Membrane vom Beutel abziehen. Die Greifarme grob zerkleinern und die Beutel in 3 cm breite Ringe oder Streifen schneiden. Die Tinte in einem kleinen Wasserglas verdünnen und beiseitestellen.

Das Olivenöl in einer Bratpfanne erhitzen. Die Zwiebel und den Knoblauch auf kleiner Flamme erhitzen, bis die Zwiebel glasig und der Knoblauch goldbraun ist. Den Tintenfisch dazugeben und mit Salz und Pfeffer abschmecken. Den Tintenfisch kurz in der Pfanne umrühren, dann den Wein dazuschütten und auf hoher Flamme kochen, bis der Alkohol verflogen ist, aber nicht länger als zwei Minuten. Die verdünnte Tinte dazugießen und noch eine Minute lang erhitzen.

Die Polenta in Suppenteller geben. Den Tintenfisch und die Tinte darauf verteilen und servieren.

CACCIUCCO
MEERESFRÜCHTE-EINTOPF

FÜR 6 PERSONEN

500 g Muscheln

Salz

2,5 kg unterschiedlich großen Fisch, einige ganz (z. B. Knurrhahn, Seehecht, Brasse, Petersfisch, Zackenbarsch, Meeräsche, Seeteufel)

500 g große Garnelen mit den Schalen

500 g Calamari und/oder Tintenfisch

Für die Brühe

1 gelbe Zwiebel, geschält

1 Karotte, abgeschabt

1 Selleriestange

1 Handvoll glatte Petersilie

Für das Cacciucco

6 EL Olivenöl

1 gelbe Zwiebel, fein geschnitten

1 Handvoll glatte Petersilie, zerkleinert

4 Knoblauchzehen, 3 zerquetscht, 1 geschält

2 getrocknete Chilischoten, zerrieben

200 ml trockener Rotwein

800 g Eiertomaten aus der Dose, zerkleinert

Meersalz und frisch gemahlener schwarzer Pfeffer

6 Scheiben Landbrot, geröstet

Muscheln 2 Stunden in kaltem Wasser wässern, das Wasser mehrmals erneuern. Die Fische schuppen, säubern und filetieren, Köpfe und Gräten beiseitestellen. Größere Teile zerkleinern. Garnelen abspülen. Die Calamari/den Tintenfisch säubern und zerkleinern, die Tintensäcke wegwerfen.

Für die Brühe Fischköpfe, Knochen, Zwiebel, Karotte, Sellerie und Petersilie mit 1,5 l Wasser in einem Suppentopf aufkochen, die Hitzezufuhr verringern und 40 Minuten lang köcheln lassen, öfter Schaum abschöpfen. Zwiebel, Sellerie und Petersilie wegwerfen, alles in einem Mixer pürieren oder durch ein Sieb drücken. Brühe zurück in den Topf gießen und auf kleiner Flamme kochen lassen.

Für den Cacciucco Olivenöl in einem großen Kochtopf erhitzen und die Zwiebel, die Petersilie, den zerquetschten Knoblauch und die Chilis dazugeben. Auf kleiner Flamme sautieren, bis alles weich ist, etwas Wasser in den Topf geben, wenn es zu trocken wird.

Die Calamari/den Tintenfisch dazugeben. Flamme hochdrehen, den Wein hineingießen und aufkochen lassen. Tomaten und eine Kelle Fischbrühe dazugeben. Aufkochen lassen, die Wärmezufuhr verringern und 15 Minuten köcheln lassen.

Fischfilets und 2 Kellen Brühe dazugeben und 15 Minuten köcheln lassen. Falls es zu stark eindickt, mehr Brühe hinzufügen. Salzen und pfeffern. Muscheln und Garnelen dazugeben und zugedeckt köcheln lassen, bis sich die Muschelschalen öffnen und die Garnelen rosa sind.

Das geröstete Brot mit dem restlichen Knoblauch bestreichen. Jeweils ein Stück Brot in den Suppenteller legen. Die Cacciucco darüberschöpfen und servieren.

Andrea Bertucci

Besitzer der Osteria Il Vecchio Mulino

Man könnte sein ganzes Leben in der Toskana verbringen, ohne die nordöstliche Ecke der Region, die Garfagnana, zu sehen. Nicht, dass sie nicht sehenswert wäre. Sie ist lediglich einer der Landstriche, die man nicht zufällig entdeckt (es führen kaum Straßen dorthin, weil die Gegend im Norden durch die Apeninnen und im Westen durch die Apuanischen Alpen begrenzt ist). Es gibt dort wenige der traditionellen Sehenswürdigkeiten. Aber genau in ihrer Gewöhnlichkeit liegt der Liebreiz.

In den Hochtälern der Garfagnana gedeiht nur das uralte Getreide *farro*. Verschlafene Dörfer liegen entlang der Ufer des Serchio und zwischen Wäldern verstreut; einsame Weiler klammern sich an steile Berge. Schäfer hüten Ziegen, Schafe und halb verwilderte Schweine; Käse wird hergestellt, Fleisch gepökelt. In einer alten Mühle werden Korn, Kastanien und Weizen zu Mehl verarbeitet. Im Frühjahr gibt es wilde Beeren, im Herbst Pilze. In ihrer Isolation, ihrer Einfachheit und ihrer Selbstgenügsamkeit weckt die Garfagnana Erinnerungen an ein »*Italia di una volta*«.

Spricht man mit Gastronomen über das Essen der Garfagnana, nennen diese unweigerlich vier Dinge:

***FARRO*/EMMER** Dieses Getreide wird traditionell in Suppen verwendet, es schmeckt aber auch in Salaten gut. Die Herstellung in der Garfagnana ist geschützt durch den Status IGP (*indicazione geografica protetta*). Farro sollte man nicht mit Dinkel verwechseln.

FORMENTON OTTO FILE Ein seltener Mais, der nur durch seine kräftigen Reihen roter oder goldener Samenkörner und die hervorragende Polenta, die daraus gemacht wird, zu erkennen ist.

BIROLDO Eine regionale Blutwurst, die aus den geringsten Bestandteilen des Schweins hergestellt wird. Ein beeindruckendes Slow-Food-Produkt.

ANDREA BERTUCCI Sehr beliebter Inhaber der Osteria Vecchio Mulino – einer Weinbar, Gaststätte, Delikatessenladen und Schaukasten für alles Mögliche, das aus der Region stammt und köstlich ist.

* * *

An einem Samstag im August fahren wir durch den strömenden Sommerregen nach Castelnuovo Garfagnana, um dort im Vecchio Mulino Mittag zu essen und herauszufinden, warum es so beliebt ist. Die Straße windet sich immer höher durch das Tal. An einer Kreuzung parken wir neben einer Mauer mit Plakaten, die einen örtlichen Schönheitswettbewerb und ein bevorstehendes Polentafest ankündigen. Castelnuo-

vo gilt als Hauptstadt der Garfagnana, wir haben aber das Gefühl, dass die Straßen aus dem Nirgendwo kommen und ins Nirgendwo führen.

Vielleicht liegt es an der Trostlosigkeit des Tages und der trübsinnigen Aura der Stadt, die den ersten Eindruck der Osteria so überwältigend macht. Aber als wir in den zum Bersten vollen Raum kommen, glaube ich im ersten Moment, gerettet worden zu sein. Andrea winkt uns zum Tisch hinüber. Der einzige andere Tisch im Raum ist schon von einer Handvoll Leute in Beschlag genommen, die nach ihrer Mahlzeit, die offenbar sehr gut war, an einem Espresso nippen.

Wir gehen über den abgetretenen Terrazzoboden, an einem Marmortresen vorbei, auf dem einfache Kuchen aufgereiht sind (einer davon mit Grünzeug, ein anderer mit Heidelbeeren gefüllt); an Regalen voller Wein, Säcken voller Polenta und *farro*, getrockneten *porcini*, gesprenkelten Bohnen; an Marmeladen (Pflaume und Johannisbeeren, aber auch Dattelpflaumen, grüne Tomaten, Lauch und Kardone); wir setzen uns schließlich neben eine Glasvitrine, in der einheimischer Käse und Salami stehen.

»*Ci penso io*?« Im Restaurant möchte man meistens sein Gericht selbst auswählen – hier wäre das aber eine Sünde. »*Ci fidiamo*«, antworten wir. Wir vertrauen ihm. Was folgt, ist ein Festschmaus – winzige Häppchen, die unermüdlich auf runden Schneidebrettern an unseren Tisch gebracht werden. »*Mangiate piano*«, mahnt Andrea und stellt eine Schüssel mit knackig frischem Gemüse ab. »*Questo è slow food.*«

Unter anderem gibt es knusprige kleine Dreiecke: *torta salata* (drei Arten: *farro*, Kartoffel und Mangold); *affettati* (Fleischscheiben) – das *biroldo* gespickt mit reichlich Fleisch und Fett, der *prosciutto bazzone* erinnert an eine köstliche spanische *pata negra*; *insalata di farro* mit Tomaten, Gurken, roten Zwiebeln und Basilikum und eine Auswahl unterschiedlich alter und manchmal etwas nach Bauernhof schmeckender Käsesorten, die wir mit Kartoffelbrot und Kastanienhonig essen.

* * *

Andrea hat das Vecchio Mulino vor 20 Jahren eröffnet. »Am Anfang wollte ich schnell reich werden«, sagt er mit gespielter Ernsthaftigkeit, »aber dann hatte ich viel mehr Freude daran, Bauern, Schäfer, Müller und Käsehersteller ausfindig zu machen … und ihre Sachen hierherzubringen.« Gelegentlich macht er eine *assaggi culturali* (kulturelle Verköstigung), lädt Freunde wie Alvaro Ferrari, einen ortsansässigen Biobauern, in seine Osteria ein, um Polenta zu kochen und sich natürlich auch darüber zu unterhalten.

Mit den Jahren hat sich der Laden in ein Lager für die besten Waren verwandelt, die die Garfagnana zu bieten hat. Deshalb erscheint es paradox, dass Andrea die Herkunft seiner Leckereien nicht immer verrät. Er scheint im Wesentlichen eher ein Jäger und Sammler, als ein Anwalt für eine Gruppe oder einen bestimmten Hersteller zu sein. Auf die Frage, ob er denn seine köstlichen Kuchen selbst herstelle, zögert er und antwortet dann, »*La mia zia*« (meine Tante). Ein paar Stunden später komme ich an einem kleinen Delikatessenladen in der Nähe der Kirche von Pieve Fosciana vorbei, und dort stehen exakt die gleichen Kuchen im Schaufenster. »*Si, certo …* wir backen sie für Andrea«, informiert uns der Bäcker sachlich.

Ich habe das Gefühl, Andrea hat mir das erzählt, von dem er glaubt, dass ich es hören wollte: dass seine warmherzige alte Tante, eine geblümte Schürze um ihre füllige Hüfte gebunden, mit einem Nudelholz in der Hand in der Küche steht. Ich stelle sie mir gerne vor … nur die Wahrheit wäre genauso schön gewesen.

INSALATA DI FARRO
FARROSALAT

FÜR 4 PERSONEN

150 g geschälter Farro

Meersalz und frisch gemahlener Pfeffer

3 Tomaten, grob zerkleinert

1 rote Zwiebel, halbiert und in dünne Scheiben geschnitten

1 Gurke, geschält und der Länge nach halbiert

2 Handvoll Basilikumblätter

Olivenöl zum Beträufeln

Den Farro mit 1,5 l Wasser in einem mittelgroßen Topf leicht salzen und aufkochen. Auf mittlere Flamme herunterdrehen, teilweise zugedeckt köcheln lassen, bis der Farro zart, aber noch fest ist, etwa 20 Minuten. Gut abtropfen lassen und in eine Schüssel kippen. Abkühlen lassen.

Tomaten, Zwiebeln, Gurke und Basilikum unter den abgekühlten Farro rühren. Mit Olivenöl übergießen und bei Zimmertemperatur oder gekühlt servieren.

INFARINATA
MAISMEHLSUPPE

FÜR 6 PERSONEN

200 g getrocknete Borlotti- oder Cranberry-Bohnen, über Nacht in kaltem Wasser eingeweicht

50 g gepökelte Schweineschwarte, grob zerkleinert

3 EL Olivenöl, etwas mehr zum Besprenkeln

50 g Schweineschmalz

1 Zwiebel, fein geschnitten

1 Karotte, fein geschnitten

1 Selleriestange, fein geschnitten

1 Knoblauchzehe, fein geschnitten

1 Rosmarinzweig, fein geschnitten

500 g Cavallo Nero oder Kale, (Schwarz- oder Grünkohl) in Streifen geschnitten, Rippen entfernt

2 Kartoffeln, geschält und in Stücke geschnitten

1 EL Tomatenpüree

Meersalz und frisch gemahlener schwarzer Pfeffer

300 g grobes Polentamehl

Bohnen abtropfen lassen und mit 2,5 l Wasser und der Schweineschwarte in einen Kochtopf geben. Wasser aufkochen und auf mittlerer Hitze zugedeckt köcheln lassen, bis die Bohnen weich und zart sind, etwa 1 1/2 Stunden.

In einem anderen Topf 3 EL Olivenöl mit dem Schmalz erhitzen. Zwiebel, Karotte, Sellerie, Knoblauch und Rosmarin dazugeben. Auf mittlerer Flamme sautieren, ständig rühren, bis das Gemüse weich wird.

Bohnen mit dem Kochwasser und der Schweineschwarte unterrühren. Schwarz- bzw. Grünkohl, Tomatenpüree und das Gewürz unterrühren. Leicht zugedeckt 20 Minuten köcheln lassen.

Die Polenta langsam in die köchelnde Suppe gießen, dabei ständig rühren. 40 Minuten lang leicht köcheln lassen, regelmäßig umrühren und Wasser dazugießen, falls die Suppe eindickt und breiig wird.

Die Suppe in Suppenschüsseln geben, mit Olivenöl beträufeln und sofort servieren.

TORTA DI MIRTILLI
BLAUBEERTORTE

FÜR 8 PERSONEN

Für den Teig

200 g ungesalzene Butter (in Raumtemperatur), zusätzlich etwas zum Einfetten

90 g Kristallzucker

1 großes Ei, leicht geschlagen

250 g Mehl, etwas mehr zum Bestreuen

1 Prise Salz

Für die Füllung

1 kg Heidelbeeren

200 g Streuzucker

1 EL Zitronensaft

50 g Kartoffelmehl

Für den Teig Butter und Zucker in einer großen Schüssel vermischen. Das Ei unterrühren, dann Mehl und Salz dazugeben und mit einem Holzlöffel rühren, bis sich ein fester Teig bildet.

Alles auf eine leicht mit Mehl bestäubte Arbeitsfläche legen und sehr vorsichtig kneten, bis sich ein glatter Teig gebildet hat. Den Teig zu einer Kugel formen, in Frischhaltefolie einwickeln und für 2 Stunden in den Kühlschrank stellen.

Zur Zubereitung der Füllung Heidelbeeren, Zucker und Zitronensaft in eine Schüssel geben. Das Kartoffelmehl mit 3 EL Wasser zu einer Paste verrühren, dann unter die Füllung rühren. Die Beeren vorsichtig mit einem Holzlöffel zerdrücken und die Masse 20 Minuten lang stehen lassen.

Den Ofen auf 180 °C (Gas Stufe 4) vorheizen. Eine 24 cm große Springform einfetten. Den Teig auf einer leicht eingefetteten Arbeitsfläche auf die Größe der Backform zurechtschneiden, hierzu den herausnehmbaren Boden als Orientierungshilfe benutzen. Den restlichen Teig beiseitestellen.

Den Teig mithilfe des Nudelholzes in die Kuchenform heben. Vorsichtig auf den Boden der Springform drücken. Den übrigen Teig zu einer Rolle mit dem Durchmesser einer Zigarette formen und an den Innenrand der Form legen. Vorsichtig andrücken, damit sich die Teigrolle mit dem Teigboden verbindet und die Seitenränder der Backform damit auskleiden, danach mit Daumen und Zeigefinger Rillen in den Teig drücken, damit ein gewellter Rand entsteht.

Mit einer Gabel mehrmals in den Teigboden stechen. Die Form mit Backpapier auslegen, Bohnen darüberschütten und 20 Minuten lang blindbacken. Papier und Bohnen entfernen.

Die Heidelbeermasse in die Backform geben und so lange backen, bis der Teig goldbraun ist und Luftbläschen aus den Blaubeeren aufsteigen, ca. 40 Minuten. Auf einem Drahtgestell auskühlen lassen. Warm oder bei Zimmertemperatur servieren.

Famiglia Tistarelli

Hof *Aia della Colonna*

Das dem 240 Hektar großen Hof der Tistarellis nächstgelegene Dorf heißt Usi und liegt abseits einer schmalen Straße, die ins Nichts führt. Um dorthin zu gelangen, fahren wir auf der Fernstraße Aurelia nach Süden durch eine Gegend, die früher das berühmt-berüchtigte ungastlichste Gelände der Toskana war – ein riesiger, malariaverseuchter Sumpf, bevölkert nur von verwilderten, schwarzen Pferden, halbwilden Rindern und den legendären Kuhhirten – *butteri* –, die sie hüteten. Unter Mussolini wurden diese Sumpfgebiete trockengelegt und Bewässerungskanäle angelegt, die das Land zu einem der fruchtbarsten Anbaugebiete der Region machten.

Scheinbar führt nach Usi keine direkte Straße, also fahren wir in die etruskische Stadt Scansano, biegen dort ab und steuern ins Landesinnere. Es geht angenehm langsam voran, die Straße windet sich durch eine Landschaft voller alter Eichen, Weinanbaugebieten, Olivenhainen und steinernen Bauernhäusern. Knapp hinter den schwefelhaltigen Thermalquellen von Saturnia biegen wir in eine schmale, holprige Straße, die uns offenbar mit jeder Biegung weiter aus der Zivilisation führt.

Auf einer windgepeitschten Bergspitze mit weitem Ausblick über die Landschaft in hellgrünen Farbtönen entdecken wir eine alte *casa colonica* (Bauernhaus), die neben einem grauen, unfertigen Betonbau steht. Ein handgeschnitztes Schild verrät uns, dass wir angekommen sind.

Ein kleiner Junge flitzt um die *aia* (der alte Dreschboden, nach dem der Hof benannt ist) herum und kämpft mit einem hölzernen Schwert gegen einen imaginären Feind. Seine Mutter stellt sich als Roberta vor. Wir erklären ihr, dass wir nach Roberto suchen. »Das ist mein Bruder«, sagt sie und überlässt uns dem dreijährigen Lorenzo, während wir darauf warten, dass sein Onkel vom Feld zurückkommt.

»*Portali a vedere i maiali. Sù!*« Lorenzo rennt über den Hof, die Luft mit seinem Schwert schneidend und durch jede Pfütze stampfend, die sich auf seinem Weg befindet. Er würdigt die im Staub herumscharrenden kleinen, schwarzen Truthähne keines Blickes und führt uns einen Hügel hinauf zu einem eingezäunten Acker, auf dessen stark zerwühlter Erde ein Dutzend dunkelgrauer Schweine steht, über deren Rücken und die Vorderbeine ein breites Band aus borstigen weißen Haaren verläuft. Sie sehen uns und reißen mit einer für Schweine völlig untypischen Wendigkeit auf ihren gedrungenen Beinen aus, dann drehen sie sich aus sicherer Entfernung um und starren uns

an. Dies sind keine gewöhnlichen Hofschweine – das sind *Cinta Senese*, typisch für die Gegend um Siena. Einst gab es sie auf fast jedem toskanischen Hof, in jüngster Zeit fast ausgestorben, sind sie jetzt die Lieblinge von Gastronomen, die ahnen, wie toskanisches Schwein einmal geschmeckt hat.

»Siehst du, wie muskulös sie sind?«, fragt Roberta. Denkt man an Schweine, kommt einem das Wort muskulös zunächst nicht in den Sinn, aber sie hat recht. Sie sehen aus, als würden sie Sport treiben. »Und schau dir die Schnauzen an.« Sie sind sehr gut zur Futtersuche geeignet – und so verbringen die Schweine das Jahr in der *macchia* (mediterranes Buschland), wo sie nach allem suchen, was sie mit ihren langen, dünnen Schnauzen ausgraben können: Eicheln, Kastanien, Erika, Wurzeln, Knollenge-

wächse und vieles mehr. Wenn sie im Winter wenig Futter finden, fressen sie auch Gerste, Ackerbohnen und Hafer, der auf dem Bauernhof geerntet und gemahlen wird.

In der Toskana haben die Bauern schon immer *Cinta Senese* gezüchtet, weil sie im Freien bleiben und selbst Futter suchen. Während der Fünfzigerjahre führte man schnell wachsende ausländische Rassen ein, die als ertragreicher galten, und die Zahl der *Cinta* – früher über 20000 Muttertiere – sank auf unter 400. Nur einige unbeugsame *contadini* blieben der Tradition treu, darunter auch die Tistarellis. Im Lauf der vergangenen zehn Jahre wurde die Gattung wiederentdeckt – und so beliebt, dass ein *prosciutto* oder eine Salami aus *Cinta Senese* jetzt fünf- oder sechsmal so viel kostet wie die aus einem konventionell aufgezogenen Schwein.

Als Roberto auftaucht, hat er einiges zur Wiederentdeckung der *Cinta* zu sagen. »Man kann nicht unbedingt behaupten, ein Produkt von hoher Qualität zu besitzen, nur weil es von einem *Cinta*-Schwein stammt. Wie hat es gelebt – wild oder in einem Stall? Was hat es gefressen? Wie wurde sein Fleisch verarbeitet? Zieht man es wie ein gewöhnliches Schwein auf, hat es nicht das kräftige, würzige Aroma eines *Cinta*.«

Auf dem Hof Aia della Colonna hat man es geschafft, die schlimmsten Auswüchse der Kommerzialisierung zu umgehen. Die Tiere – Hühner, Kaninchen, Truthähne, Gänse, Schafe, *Cinta Senese* oder Maremmakühe (in der Gegend nur als *maremmane* genannt) – sind überwiegend der Familie, Freunden, ein paar ortsansässigen Restaurants und glücklichen Gästen vorbehalten, die auf dem Hof übernachten. »Wir waren die Ersten, die hier in der Gegend *agriturismo* betrieben«, sagt Roberta, und meint damit die ausgezeichnete italienische Idee, auf Bauernhöfen Zimmer an Reisende zu vermieten und diese auf dem Hof mit dort hergestellten Lebensmitteln und Wein zu verwöhnen. Roberta, die auch Töpferin ist, und ihre Mutter Livia leiten den *agriturismo* und dessen Küche; Roberto und sein Vater Geraldo betreuen Tiere und Weiden, stellen *salumi* (Würste) aus den *Cinta Senese* her.

Der Hof ist seit elf Jahren ganzheitlich organisch; die halbwilden Tiere suchen selbstständig nach Nahrung; Futterpflanzen werden biologisch angebaut, und die *salumi* wird ohne Konservierungsmittel hergestellt. »Als wir beschlossen, auf biologische Landwirtschaft umzustellen, hielten uns die Leute für verrückt«, sagt Roberto.

Wir besuchen die *maremmane* und die Pferde, mit denen Roberto sie hütet. »*È un vero Cowboy*«, sagt Roberta. »Er hat einmal Pferde für das *Palio* dressiert.« Die *butteri* haben ein ausgeprägtes Ehrgefühl. Es gibt viele Geschichten über eine lange zurückliegende Zeit, als die einheimischen Cowboys Buffalo Bill in einem Reitwettbewerb besiegten. Mit den Jahren hat der *buttero toscano* im kollektiven Bewusstsein einen fast mythischen Status erlangt. Es ist ein großartiges Bild: der einzelgängerische Kavalier auf einem schwarzen Pferd, der mit einer Hand die Zügel und mit der anderen das Ende eines langen, gebogenen Stabes umfasst und damit Rinder über eine wilde und düstere Landschaft treibt.

Roberto will nicht, dass man sich seine Arbeit romantisch vorstellt. »Man kann sich einem *maremmana* nicht zu Fuß nähern – man braucht entweder ein Pferd oder einen Traktor.« Wir nähern uns hohen Holzpferchen, die alle leer stehen. »Wir bringen die Tiere nur hierher, um sie zu kennzeichnen und zu untersuchen, ansonsten leben sie draußen in den Wäldern und Feldern.« Die beiden riesigen Bullen des Hofs teilen sich eine Weide mit ein paar Maremmapferden. Zwei Kühe samt ihren Kälbern halten sich in den kahlen Winterwäldern auf – einige stehen da und starren uns unverwandt an, andere liegen ausgestreckt unter den Bäumen. In dieser Umgebung wirken sie mythisch und urtümlich, aber auch so, als ob sie irgendwie hierher gehörten.

* * *

Wir sind zum Mittagessen eingeladen – nicht in das Esszimmer, das für den *agriturismo* verwendet wird, sondern in die Küche des alten Bauernhauses. Geraldo sitzt neben der Feuerstelle und stochert in der Asche herum, die den Topf mit Bohnen umgibt. Ein Kessel mit Rinderbrühe köchelt auf dem Herd. Das Mittagessen beginnt mit einer Platte *affettati* (geschnittenes Pökelfleisch), das Robertos Freundin Veronika (eine Biologin, die Norditalien verlassen hat, um auf dem Hof zu arbeiten) herumreicht. Der *Cinta Senese prosciutto* ist weniger salzig als der normale *prosciutto toscano*, sein Aroma ist aber erdiger und wilder; der *ammazzafegato* (eine regionale Salami, liebevoll »Leberkiller« genannt) ist würzig, scharf und ganz leicht ranzig; die *capocollo* (eine gehaltvolle Salami), köstlich süß, salzig, würzig und scharf zugleich.

Livia hat heute zu Mittag *bollito* gemacht. »Wenn man *maremmana* probieren will, gibt es nichts Besseres«, alle stimmen zu. »Man kann den Geschmack mit keinem anderen Rind vergleichen. *Maremmane* sind eigentlich wilde Tiere. Ihr Fleisch ist dunkler. Wenn es nicht alt genug ist, ein wenig zu zäh für ein Steak, aber perfekt für ein *bollito* (gekocht) oder *stracotto* (langsam gegarter Braten). Sie schöpft die Brühe aus, in die sie geschlagene Eier und geriebenen Parmesan zieht. Das Fleisch wird mit hausgemachter Mayonnaise, *salsa verde* und Wein aus eigenem Anbau serviert.

Es macht Hoffnung, eine derart gelungene Selbstversorgung in einer Zeit zu sehen, in der traditionelle Fähigkeiten sehr oft vernachlässigt werden. »Der Hof funktioniert, weil wir alles selbst machen«, erklärt Livia. Roberta nickt zustimmend, aber ihr Bruder stimmt dem nur bis zu einem gewissen Grad zu. »*Funziona perché ci piace fare questa vita!*« Er funktioniert, weil sie dieses Leben lieben.

BOLLITO DI MANZO E VITELLONE
GEKOCHTES RINDFLEISCH

FÜR 6 PERSONEN

1 kg Rind (jede Kombination von Schulter, Brust mit ein paar Rippen, Schwanzstück und Zunge)

1 Zwiebel, geschält

1 Karotte

1 Selleriestange

1 reife Tomate

1 Handvoll glatte Petersilie

Meersalz

1 Prise schwarzer Pfeffer

Zum Servieren

Salsa Verde

Mayonnaise

Alle Zutaten in einen großen Topf geben. Aufkochen lassen, danach die Hitzezufuhr stark reduzieren und 3 Stunden lang köcheln lassen, den Schaum ab und zu abschöpfen, falls er überkocht.

Das Fleisch aus dem Topf nehmen (die Brühe für eine Suppe behalten, siehe unten). Die Haut von der Zunge abziehen, das Fleisch in Scheiben schneiden und mit Salsa Verde und Mayonnaise servieren.

STRACCIATELLA
RINDERBRÜHE MIT EI & PARMESAN

FÜR 6 PERSONEN

2 l Rinderbrühe (siehe oben)

4 EL frisch gemahlener Parmesan

4 sehr große frische Eier, gut geschlagen

1 Prise frisch gemahlener Muskat

frisch gemahlener schwarzer Pfeffer

Fleisch und Gemüse aus der Suppe abseihen und die Brühe köcheln lassen.

Den Parmesan unter die Eier ziehen und mit Muskat und Pfeffer abschmecken. Die Eimasse wieder in die Brühe schütten und 5 Minuten lang unter regelmäßigem Rühren köcheln lassen. In Schüsseln schöpfen und servieren.

MAIONESE
MAYONNAISE

ERGIBT 600 ML

3 große Eigelb

2 EL Zitronensaft

Meersalz und frisch gemahlener schwarzer Pfeffer

600 ml Olivenöl

1 EL Dijonsenf

Eigelb, Zitronensaft, eine Prise Salz und etwas gemahlenen Pfeffer in eine Schüssel geben und umrühren, bis alles gut vermischt ist. Langsam, anfangs nur tropfenweise, das Olivenöl unter ständigem Rühren hineingießen, jeweils nur so viel, wie die Eimasse aufnimmt.

Senf unterrühren und kosten. Sofort servieren oder bis zu 2 Tage im Kühlschrank aufbewahren.

SALSA VERDE
GRÜNE SOSSE

FÜR 6 PERSONEN

1 Knoblauchzehe, geschält

1 gesalzene Anchovis, fein geschnitten

1 TL eingelegte Kapern

1 großer glatter Bund Petersilie, fein geschnitten

1 hart gekochtes Ei, fein geschnitten

4 EL Olivenöl

Meersalz und frisch gemahlener schwarzer Pfeffer

Mit Stößel und Mörser Knoblauch, Anchovis und Kapern zerstampfen. Petersilie, geschnittenes Ei und Olivenöl dazugeben, dann nach Geschmack mit Salz und Pfeffer abschmecken. In eine Servierschale geben.

SFORMATO DI SPINACI
SPINATAUFLAUF

FÜR 6 BIS 8 PERSONEN

Für die Béchamelsoße

50 g Butter
2 EL Mehl
500 ml Milch
Meersalz
1 Prise gemahlenen Muskat
frisch gemahlener weißer Pfeffer

Für den Spinat

1,5 kg Spinat, gewaschen
25 g Butter
30 g Parmesan, frisch gemahlen
3 große Eier, geteilt

Für die Garnierung

25 g Butter, zusätzlich etwas zum Einfetten der Form
50 g trockene Semmelbrösel

Zur Zubereitung der Béchamelsoße die Butter in einem Topf auf kleiner Flamme erwärmen. Das Mehl dazugeben und 2 bis 3 Minuten lang rühren, bis alles eindickt, aber nicht braun geworden ist. In der Zwischenzeit die Milch in einem weiteren Topf gerade so weit erhitzen, dass sie nicht kocht. Langsam über die Mehlschwitze geben und rühren, bis die Oberfläche glatt ist. Mit Salz, Muskat und weißem Pfeffer nach Geschmack würzen.

Etwa 3 bis 4 Minuten lang auf niedriger Flamme unter gelegentlichem Rühren erhitzen, bis eine cremige Soße entsteht, die so fest ist, dass sie vom Löffel tropft. Von der Flamme nehmen und etwa 30 Minuten lang beiseitestellen.

Den Ofen auf 180 °C (Gas Stufe 4) vorheizen. Den Spinat nach dem Waschen tropfnass kurz in einem Topf auf mittlerer Flamme kochen, bis er zart ist. Gut abtropfen lassen. Wenn er abgekühlt ist, das überschüssige Wasser herausdrücken und grob zerkleinern.

Die Butter in einer Bratpfanne zerlassen. Den Spinat dazugeben, mit Salz und Pfeffer würzen und sautieren, bis alle Flüssigkeit daraus entwichen ist. Den Parmesan, die Eigelb und 4 EL Béchamelsoße unterrühren.

Die Eigelb in einer sauberen, trockenen Schüssel schlagen, bis sich steife Häubchen bilden. Vorsichtig mit einem Metalllöffel unter die Spinatmischung ziehen.

Eine flache Backform (23 x 30 cm) mit Butter einstreichen und mit den Semmelbröseln bestreuen. Die Mischung gleichmäßig in der Form verteilen und mit der restlichen Béchamelsoße auffüllen. Mit Semmelbröseln bestreuen und Butterkleckse daraufgeben.

30 Minuten lang, oder bis sich eine helle Kruste gebildet hat, backen. Warm und in Stücke geschnitten servieren.

Coltivatori di Carciofi di Chiusure

Die Artischockenbauern von Chiusure

An einem Sonntag im Frühling versammeln sich sechs der Mitglieder der neu gegründeten *Associazione Il Castello di Chiusure* um einen Esstisch in der Locanda Paradiso im Dorf Chiusure (90 Einwohner). Auf dem Tisch stehen eine Karaffe mit Rotwein, eine Flasche Olivenöl (ohne Aufkleber, Extra Nativ, aus den Bergen, die das Dorf umgeben) und eine Sammlung von *carciofi di Chiusure* – Artischocken der Sorte *morellini* – die die Teilnehmer früh am Morgen in ihren Gemüsegärten geerntet haben.

Lorenzo Lorenzini, aktives Genossenschaftsmitglied und Autor eines kleinen Buches über die beliebteste Speise des Dorfes, sitzt am Kopfende des Tisches. Durch seine wettergegerbten Arme und sein feuchtes, sandbeflecktes T-Shirt sieht er aus, als ob er mehr Zeit im *orto* (Gemüsegarten) als am Schreibtisch verbringt. Er hebt eine *carciofo* hoch, nimmt einen imaginären Zug an der nicht angezündeten Zigarre zwischen seinen Zähnen und erklärt das Wesen der Chiusure-Artischocke. »Schau, wie violett die Blätter sind«, sagt er, während er mir die *carciofo* hinhält wie die erste langstielige Rose des Frühjahrs. »Vergleiche sie mit einer kommerziell angebauten *morellini* aus der Maremma.« Er zieht eine aus einer braunen Papiertüte hervor.

Es stimmt, dass Italiener überall auf der Welt glauben, dass alles, was in ihrem eigenen Garten wächst, (tatsächlich oder im übertragenen Sinne) besser ist, als das, was von irgendwo sonst kommt. Es stimmt aber auch, dass oft ein bestimmtes Stück Land, die Beschaffenheit der Erde und das Zusammenspiel von Sonne, Wind und Regen einen Garten schaffen, der ganz besonders für eine bestimmte Pflanze geeignet ist. Man sagt, dass dies bei den Artischocken von Chiusure der Fall sei.

Wir starren die *carciofi* an, als ob sie gleich ihr eigenes Loblied anstimmen würden. »Drück drauf«, sagt jemand. Eine weiche Artischocke ist bitter und ungenießbar. Die Artischocken von Chiusure sind fest und kräftig, ihre Blätter liegen eng aneinander wie bei einer ungeöffneten Blüte. »Reib die Blätter aneinander.« Sie quietschen. An der Artischocke aus der Maremma scheint nichts auszusetzen zu sein, nur dass sie eben keine Artischocke aus Chiusure ist … und noch so einiges.

»*È la terra*«, sagt Lorenzini. »Wir sind mitten in den Crete Senesi – die Erde besteht aus einer Mischung von *creta* (mineralreichem Ton) und *tufo* (porösem Gestein). Die

Mineralsalze verleihen unseren *carciofi* eine dunklere Farbe, der Ton in der Erde hält die Feuchtigkeit so gut, dass man die Pflanzen nie wässern muss.«

Ich muss einfach schmunzeln, wenn ich höre, wie Lorenzo die Crete Senesi beschreibt. Die steinernen Bauernhäuser, Bergdörfer und Zypressen in der Landschaft südlich von Siena – ein Meer sanfter Hügel, das im Sommer wegen des Getreides golden leuchtet, im Winter dunkel und graubraun erscheint und im Frühling in tausenden von Grüntönen strahlt – haben die Fantasie eines jeden beflügelt, der je von einer toskanischen Idylle geträumt hat. Das ist die Landschaft, die in jedem Kalender über die Toskana abgebildet ist. Hier findet sich das Urbild dieser Gegend. Obwohl dieser Anblick inzwischen zum Klischee geworden ist, die Landschaft selbst ist immer noch unaussprechlich schön anzusehen.

* * *

»Vor drei Jahren haben wir als Komitee von Einheimischen damit angefangen, nach Mitteln zu suchen, wie man unser Dorf wiederbeleben kann«, erklärt Ivano Scalabrelli, 64, ein Bankier im Ruhestand, der durch seine samtene Weste, seine geknotete Krawatte und den schicken, schwarzweißen Bart ein bisschen theatralisch und wie ein Gutsherr wirkt. »In diesem Jahr gründeten wir eine Genossenschaft. Wir haben schon 45 Mitglieder – das ist die Hälfte der Einwohner von Chiusure.« Er zeigt mir eine amtlich wirkende Mitgliedskarte.

»In unseren Bergen bauten schon Mönche im Mittelalter Artischocken an«, erklärt er und zeigt in die Richtung des stattlichen Benediktinerklosters, das über einer steilen, bewaldeten Schlucht im Westen des Dorfes liegt. »Und hier haben die Bauern sie gepflanzt.« Nach dem Ende des Zweiten Weltkrieges schrumpfte die Bevölkerung von Chiusure, weil die Bauern in der Stadt nach Arbeit suchten. Felder lagen brach, Traditionen starben aus. Das Dorf fiel in eine Totenstarre – ein bezauberndes, aber lebloses Dorf, in dem Touristen eine zehnminütige Kaffeepause einlegten.

Und so kam man auf die Idee, wieder die berühmten *carciofi* von Chiusure anzubauen. Es besaß sowieso jeder ein Stück Land und einen Gemüsegarten. Wie der Rest der Toskaner oder sogar alle Italiener wünscht sich Chiusure, dass fruchtbare Erde etwas Nützliches hervorbringt und nicht nur zur Dekoration dient. Die unordentlichen Gemüsebeete sind mit ihren Salaten, Zwiebeln, Kräutern, Saubohnen und Artischocken seltsamerweise viel verführerischer als ordentliche Vorgärten.

Renato Rossi, der ein großes Artischockenfeld an den schrägen Hängen seines Gartens besitzt, erzählt mir, dass es vor drei Jahren etwa dreihundert Artischockenpflanzen in Chiusure gab – mehrjährige, die in jedem Frühjahr jeweils etwa zehn Artischocken hervorbrachten. Heute gibt es 1000 Pflanzen, es sollen 10000 werden. Anfang dieses Monats war der erste Feinschmeckerstand der Genossenschaft die Hauptattraktion auf dem Dorffest.

»Wie isst man sie am besten?«, frage ich. »Gebraten«, schlägt jemand vor. »*Si*, aber das ist ein schlechtes Beispiel – sogar Schuhsolen schmecken, wenn man sie gut durchklopft und brät«, erwidert jemand. »Roh mit gewürztem Olivenöl«, empfiehlt jemand anderes. »Ja, sie sind gut für die Leber«, unterstützt ihn ein anderer. Die Italiener achten besonders darauf, wie sich Lebensmittel auf ihre inneren Organe auswirken. Nur in Italien erzählen mir Leute, sie hätten von einem bestimmten Essen Milzschmerzen bekommen oder dass das Essen ein Leberkiller gewesen sei …

»Wird die *pinzimonio* mit Salz, Pfeffer und Zitronensaft gewürzt?«, frage ich. Ich ernte Kopfschütteln und Schelte. »Nein. *Sale, olio buono e basta.*« Nur Salz und gutes Olivenöl. Wenn ein Toskaner *olio* sagt, meint er Olivenöl. Und wenn er von *olio buono* spricht, meint er die teuerste Flasche, die zu bekommen ist, oder das Öl seiner eigenen Oliven bzw. den Oliven eines Bekannten. Wir schütten etwas Öl in unsere kleinen Glasschüsseln, streuen etwas Salz hinein und beginnen, die Artischocken zu essen. Die Unterhaltung geht weiter, während wir die Blätter abreißen und sie in das Öl tauchen. Es ist wie beim Chips knabbern, nur gesünder.

Ich erkundige mich, wie sie die *carciofini* konservieren. »Manche Menschen kochen sie gerne in Essig, andere nehmen Weißwein«, sagt Scalabrelli. »Wie lange?«, frage ich. »Eine Stunde.« »*Un'ora*!«, ruft die Besitzerin des Paradiso, Manuela Caselli und betritt den Raum mit einem Artischockenomelett und einer Schüssel Artischockensuppe. »Wie lange kochst du sie?« »Eine Minute!« Ihr Gelächter bestätigt die Tatsache, dass es in Italien immer so viele Rezepte gibt wie Köche und dass es eigentlich Scalabrellis Frau Fernanda ist, die sich zu Hause um das Einkochen kümmert. Ein paar Minuten später kommt sie mit einem Glas eingelegter *carciofini.* Fernanda kocht sie in Essig – und ihre *carciofini* sind herber als die, die in Wein zubereitet wurden. Bei der Diskussion um die Zubereitungszeit ist sie taktvoll, sie zögert und lächelt die Gruppe an, bevor sie die bekannteste aller italienischen kulinarischen Erklärungen vorbringt: »*Li cucino quanto basta.*« Sie kocht sie so lange, bis sie fertig sind.

Ein *Wort* zu den Carciofi

Man erkennt den kulinarischen Wert der Artischocken nur, wenn man sie während ihrer Erntezeit in Italien gesehen hat. In meiner Kindheit in Amerika waren die Artischocken groß und zäh, und man konnte sie im ganzen Jahr kaufen. Sie wurden auf eine einzige Art zubereitet (gekocht) und wurden mit Butter gegessen ... fertig. In Italien kann man Artischocken außerhalb der Saison schlichtweg vergessen, abgesehen von den in Olivenöl eingelegten, die wirklich köstlich schmecken.

Während der Saison – im Frühling, und in anderen Gegenden noch einmal im Herbst – werden in toskanischen Trattorien sehr viele Artischockengerichte angeboten. In der Haupterntezeit gibt es drei Menüs mit *carciofi* in jeder Entwicklungsstufe, und die besten Gemüsehändler bieten vier unterschiedliche Artischockensorten an:

***MAMME*/GROSSE ARTISCHOCKEN** Weitverbreitete, wettergegerbte Artischocken, die meist gekocht, manchmal auch gefüllt werden.

***CARCIOFI*/KLEINERE, SCHLANKE ARTISCHOCKEN** Haben die gleichen rauen grünen Blätter, aber (normalerweise) keine weiteren Stängelansätze. Nachdem alles Ungenießbare entfernt ist, werden sie in keilförmige Stücke geschnitten und dort verwendet, wo man sie braucht – z. B. in Nudelsoßen, Risottos, mit Fleisch. Meistens aber werden sie als *contorno* (Beilage) gegessen – gegart und mit einem Dressing aus Olivenöl und Zitrone übergossen; mit Knoblauch und Petersilie angebraten; oder kurz in einen Teig getaucht und dann frittiert.

***CARCIOFINI*/BABYARTISCHOCKEN** So groß wie Aprikosen, werden zum Einmachen verwendet. Sie sind arbeitsintensiv – nach dem Putzen bleibt fast nichts übrig – man braucht also viele, sie sind die Mühe aber absolut wert.

***MORELLINI*/KLEINE ARTISCHOCKEN MIT VIOLETTEN BLÄTTERN** Die schönsten von allen und die einzigen Artischocken, die man roh genießen kann. Auch gekocht schmecken sie wunderbar – genauso gut wie ihre rohen grünen Cousinen. Diese Art wird in Chiusure angebaut (obwohl die meisten der kommerziell angebauten *morellini* aus der Maremma an der südwestlichen Küste der Toskana stammen).

Wie man Artischocken säubert

Eine Schüssel mit kaltem Wasser füllen und einen Spritzer Zitronensaft hineingeben. Dadurch werden die Artischocken nach dem Schneiden nicht braun. Reiben Sie Ihre Finger mit ein wenig Zitronensaft ein, dann bleiben keine Flecken zurück.

Bei jeder Artischocke die äußeren Blätter abbrechen, bis die zartgelben und lilafarbigen inneren Blätter zu sehen sind. Jede Artischocke auf die Seite legen und die zähen (manchmal dornigen) Blattspitzen abschneiden, sodass nur die zarten, hellen, essbaren Teile übrig bleiben. Vom Stängel nur 2 bis 3 cm stehen lassen, den Rest mit einem Küchenmesser abschälen.

Die saubere Artischocke halbieren. Strohige Teile (falls vorhanden) abschneiden, indem man die Spitze eines kleinen Messers zwischen den Stängelansatz und das Herz schiebt. Was übrig bleibt, ist essbar. In Keile oder Scheiben schneiden und im Zitronenwasser bis zur weiteren Verwendung einweichen.

FRITTATA DI CARCIOFI
ARTISCHOCKENOMELETT

FÜR 4 PERSONEN

6 mittelgroße Artischocken

Saft einer Zitrone

2 EL Natives Olivenöl Extra

25 g Butter

1 gelbe Zwiebel, fein geschnitten

Meersalz und frisch gemahlener schwarzer Pfeffer

8 sehr große frische Eier

ein Spritzer Milch

Die Artischocken bis auf die Herzen und die essbaren Blätter säubern (siehe links), in Keile schneiden und in Zitronenwasser legen.

Olivenöl und Butter in einer mittelgroßen Bratpfanne (passend für den Ofen) erwärmen, die zerkleinerte Zwiebel auf niedriger Flamme erhitzen, bis die Säfte austreten. Die Artischockenteile abtropfen lassen, trocken tupfen und dann in die Pfanne geben, mit Salz und Pfeffer abschmecken. Auf mittlere Flamme hochdrehen und die Artischocken kurz anbraten, bis sie gar, aber noch fest sind.

Den Ofen vorheizen. Eier mit Milch und einer Prise Salz verquirlen.

Die Artischocken so in der Pfanne verteilen, dass sie eine gleichmäßige Schicht bilden, dann die Eier darüberschütten. Die Hitzezufuhr etwas verringern und langsam garen lassen, bis alles an den Seiten und am Boden fest ist, die Mitte aber noch flüssig (mit einem Pfannenwender ab und zu über den Rand fahren, damit die Frittata nicht daran klebt).

Das Omelett im Ofen fertig braten. Wenn es in der Mitte fest und an der Oberfläche goldbraun geworden ist, kann es, in heiße oder warme Stücke geschnitten, serviert werden.

CARCIOFI SOTT'OLIO
IN ÖL EINGELEGTE BABYARTISCHOCKEN

ERGIBT EIN 500-ML-GLAS

1 kg der kleinsten erhältlichen Artischocken

1/2 Zitrone

1 TL grobes Meersalz

1 l weißer Tafelwein

1 TL schwarze Pfefferkörner

etwa 500 ml Natives Olivenöl Extra

Die Artischocken bis auf die Herzen und die essbaren Blätter säubern (siehe links), nicht zerkleinern. Die Stängel und die angeschnittenen Ränder mit Zitrone einreiben.

Artischocken in einen Topf geben, salzen, Wein hineingießen und aufkochen lassen. Hitzezufuhr verringern und köcheln lassen, bis die Artischocken gar, aber noch fest sind und der Alkohol verflogen ist. Mit einer Schöpfkelle herausnehmen und mit den Stängeln nach oben auf einem sauberen Küchentuch abtropfen lassen.

Artischocken in ein sterilisiertes Glas geben, Pfefferkörner darüberstreuen. Mit Olivenöl bedecken, dann das Glas für ein paar Stunden ruhen lassen, damit keine Luftblasen zurückbleiben. Falls nötig Olivenöl dazugeben, das Glas fest verschließen und 1 Monat lagern – sie schmecken besser, wenn sie eine Weile in der Marinade gezogen haben.

CARCIOFI SALTATI CON AGLIO E PREZZEMOLO
SAUTIERTE ARTISCHOCKEN MIT KNOBLAUCH & PETERSILIE

FÜR 4 PERSONEN

8 mittelgroße Artischocken
Saft 1 Zitrone
4 TL Natives Olivenöl Extra
3 Knoblauchzehen, klein geschnitten
Weißwein zum Beträufeln
1 Handvoll glatte Petersilie, zerkleinert
Meersalz und frisch gemahlener schwarzer Pfeffer

Die Artischocken bis auf die Herzen und die essbaren Blätter säubern, in Keile schneiden und in Zitronenwasser legen.

Olivenöl und Knoblauch in einer Bratpfanne auf kleiner Flamme kochen, bis der Knoblauch goldbraun ist. Die Artischocken abtropfen lassen, mit Küchenpapier abtupfen und in die Pfanne geben. Eine Minute lang garen.

Die Hitzezufuhr erhöhen, Wein dazugießen und aufkochen, bis der Alkohol verflogen ist. Die Petersilie dazustreuen, salzen und pfeffern und so lange weiterkochen, bis die Artischocken zart, aber noch bissfest sind. Wasser dazugießen, falls es zu trocken wird.

PINZIMONIO CON CARCIOFI
BABYARTISCHOCKEN MIT OLIVENÖL & SALZ

FÜR 4 PERSONEN

8 sehr frische Babyartischocken
feinstes toskanisches Natives Olivenöl Extra
Meersalz

Bei jeder Artischocke das Ende des Stängels abschneiden und die Artischocke auf einen flachen Teller in die Mitte des Tisches legen. 4 Keramikschüsselchen zur Hälfte mit Olivenöl füllen und großzügig mit Salz bestreuen.

Zum Verzehr die zähen äußeren Blätter der Artischocke bis zu den zartgelben, leicht rosa schimmernden inneren Blättern entfernen. Jeweils ein Blatt abbrechen, dabei an der Spitze anfassen und in das Olivenöl mit dem Salz tauchen. (Bei so frischen Artischocken muss der Stängelansatz nicht entfernt werden.)

Die Herzen halbieren oder in Keile schneiden und in das gewürzte Olivenöl tauchen. Die oberen 5 cm der geschälten Stängel schmecken köstlich und sind ebenfalls zum Verzehr geeignet.

Margherita & Francesca Padovani

Winzerinnen aus Fonterenza

Montalcino liegt im Land der großen Weine: kraftvoll strukturierte Giganten, die fünf Jahre lang in Kellern reifen. Sie sind rubinrot und schmecken nach Beeren, Gewürzen, Veilchen und Tabak. Sie müssen stundenlang atmen, ehe man sie in langstielige Rotweingläser aus Kristall einschenkt. *Vini* assoziiert man eher mit riesigen Ländereien und muffiger alter Aristokratie als mit Margherita und Francesca Padovani, 30-jährigen Zwillingsschwestern, die die Toskana zu ihrer Wahlheimat erkoren haben.

Meine mehrmaligen Anrufe, mit denen ich klären wollte, ob Jason und ich das Weingut besuchen konnten, beantwortete Margherita immer mit dem gleichen freundlichen: »Ja, selbstverständlich.« (Das Rumpeln eines Traktors im Hintergrund) »Nur nicht diese Woche ... wir haben im Augenblick viel zu tun.« Als wir dann endlich vorbeikommen, hätten wir keinen schlechteren Zeitpunkt erwischen können.

Wir fahren über Montalcino nach Süden, vorbei an der Stadt Sant'Angelo in Colle und biegen in die dreckige Holperpiste, die zu dem alten, steingemauerten Bauernhaus führt, das die Eltern von Margherita und Francesca kurz vor deren Geburt gekauft haben. Mit dem Telefon in der Hand und erschrockenem Gesichtsausdruck öffnet Margherita die Tür. »*Sta grandinando in vigna.*« Hagel ist der schlimmste Albtraum

eines Winzers – ganz besonders kurz vor der Lese, wenn die Trauben reif sind. Einige Erzeuger schließen Versicherungen dagegen ab. Kleine Weinbauern können sich das nicht leisten. Im ersten Morgenlicht ist Francesca zum Weinberg gefahren (ein zehnminütiger Weg). Margherita ist daheimgeblieben und hat auf uns gewartet.

Wir schleichen auf Zehenspitzen ins Haus, setzen uns in der Küche an einen langen Holztisch und warten auf Francescas Rückkehr. »Soll ich uns einen Kaffee machen?«, fragt Margherita. Sie dreht ihr langes, braunes Haar zu einem Knoten zusammen und steckt es mit einem Stift fest. Auf dem Tisch steht ein Korb mit Spätsommertomaten, daneben eine Reihe Einmachgläser, die darauf warten, gefüllt zu werden. Auf dem Fensterbrett schnurrt eine graue Katze. Wir sind mucksmäuschenstill.

Das Knirschen von Rädern auf dem Kies unterbricht die Stille. Ich fühle mich, als ob ich beim Arzt auf die Diagnose warten würde. »*Tutto ok.*« Francesca kickt ihre schmutzigen Arbeitsstiefel fort und gießt sich einen Kaffee ein. »Wie ok?«, will Margherita wissen. »Es kamen nur kleine Kiesel runter, und die haben sich aufgelöst, ehe sie irgend-

was kaputt machen konnten.« Keine Schäden. »Du darfst nicht mehr in den Weinberg gehen«, sagt Margherita, den Hauch eines Lächelns auf den Lippen. »Du bist die letzten drei Male hingegangen, und es hat geregnet.«

Die Zwillinge haben zur Weinherstellung *»un approccio contadino«* (die Einstellung eines Bauern). »Wir lernen bei der Arbeit«, erklären sie. Die Arbeit auf dem Land ist ihnen nicht fremd. Obwohl sie eine Ausbildung in Mailand absolviert haben, kamen sie in allen Sommer- und Weihnachtsferien und an verlängerten Wochenenden nach Montalcino. Ihre Familie baute keine Weintrauben an, sie haben aber aus den Oliven ihrer Bäume Öl gepresst. Ironischerweise wurde der 400 Jahre alte Keller des Bauernhauses sowie der Weinkeller damals zum Schlaf- und Spielzimmer der Mädchen umgebaut, nur um dann von den erwachsenen Mädchen wieder seinem ursprünglichen Zweck zugeführt zu werden.

1997 besuchte Margherita die Mailänder Universität und studierte Literatur. Sie hielt es kaum ein Jahr aus. »Ich ging direkt nach Fonterenza, bekam eine Arbeit im *agriturismo* und pflanzte auf einem zwei Morgen großen Stück Land, das schon seit Jahren meiner Mutter gehörte, Sangiovese an.« Sie bestellte das Land und rodete alles, außer zwei riesigen alten Eichenbäumen. Normalerweise sieht man hier keine ausladenden *quercia* mitten im Weinberg stehen. »Ich mache das nicht wegen des Geldes. Ich liebe den Ort und dieses Leben. Die Bäume mussten stehen bleiben.«

Nach einem Aufenthalt in Schottland stieß Francesca im Jahr 2000 zu Margherita. »Wir ergänzen einander.« Margherita macht den Wein lieber; Francesca macht es Spaß, ihn in der ganzen Welt zu vertreiben … und Skeptiker zu überzeugen. »Die

Leute glaubten, wir seien verrückt – zwei junge Schwestern, die alleine versuchten, einen Brunello herzustellen. Niemand glaubte, dass wir es schaffen würden.«

Wenn sie davon reden, »autark« Wein herzustellen, dann meinen sie das wörtlich. Sie sind keine eleganten Bäuerinnen, die sich im Weinanbau versuchen, ohne sich die Hände schmutzig zu machen. Wenn ein Traktor zu den Stöcken hinausfährt, dann steuert ihn eine der beiden. Wenn es Zeit für den Gehölzschnitt ist, arbeiten sie sich systematisch an den Weinreben entlang. »Wir wollen völlig unabhängig werden«, sagt Margherita. »Während der Weinlese haben wir immer ein paar Schutzengel gehabt, aber ansonsten gibt es bei uns keine Angestellten. Nur uns.«

Das Weingut wurde auf 4,2 Hektar erweitert, die jetzt mit Sangiovese bebaut sind. Den halben Hektar Cabernet Sauvignon schreibt Francesca ihrer damaligen Unerfahrenheit zu. »Wir hatten das Land für die Anpflanzung vorbereitet, konnten aber nirgendwo Rebstöcke des Sangiovese bekommen.« Glücklicherweise wurde der daraus entstandene Wein, Lupo di Fonterenza (100 Prozent Cabernet, nach einem geliebten Hund benannt), zum Genuss, sowohl bei der Herstellung als auch im Glas.

Fonterenza hält beim Anbau und in der Kellerei biologisch-dynamische Standards ein. Dafür muss man ganzheitlich biologischen Ackerbau betreiben, sich nach dem Rhythmus der Jahreszeiten, dem Wetter sowie Sonne und Mond richten und auf die Wechselbeziehungen zwischen den einzelnen Aspekten des Anbaus achten – von der Wasserwirtschaft zur Fruchtbarkeit des Bodens bis hin zur Schädlingsbekämpfung. Statt künstliche Düngemittel, Fungizide und Pestizide zu verwenden, setzt man auf dem Weingut nur Kupfer, Schwefel und Pflanzen wie Weide, Schafgarbe, Schach-

telhalm, Kamille und Brennnessel ein. Kamillentee hat bei Pflanzen die gleiche entspannende Wirkung wie bei Menschen; Brennnessel hilft bei Blattläusen. Der Boden wird gedüngt, indem Stallmist von Viehzüchtern mit biologischem Zertifikat verwendet wird und nach der Lese im Frühjahr Hülsenfrüchte untergepflügt werden.

Wir umrunden die *Vigna del Bosco*, die so genannt wurde, weil das Stück Land in einen natürlichen Wald gebettet ist. Die Trauben hängen schwer an den Stöcken und sind so dunkel, dass sie für unsere ungeübten Augen so aussehen, als könnten sie gelesen werden. »Wann werdet ihr lesen?«, fragt Jason. »*Buona domanda.*« Noch nicht. Sie haben noch zu viel Alkohol, zu viel Säure und sind noch nicht reif genug.

Es kommt ganz auf das Wetter an. Die Frauen wollen versuchen, die Trauben so lange wie möglich am Stock zu lassen. Ideal wären noch zwei sonnige Wochen, aber etwas kühlere Temperaturen. Ein wenig Regen wäre gut, aber nicht zu viel, weil sonst die Öchslegrade sinken und die Trauben faulen würden. Einmal haben die Frauen ihren Wettlauf mit dem Wetter und damit 50 Prozent ihrer Trauben verloren.

Allerdings ist es unwahrscheinlich, dass die Lese in einem Durchgang erledigt werden kann. Jeder, der meint, die Aufgabe sei reine Handarbeit, war nicht während *la vendemmia* bei Margherita und Francesca. Vergangenes Jahr sind sie achtmal durch die Reben gegangen, haben immer nur die reifsten Trauben gelesen und diejenigen aussortiert, die nicht gut genug waren. Trotzdem liegt der Ertrag absichtlich niedrig – 40 Doppelzentner pro Hektar – viel weniger als die Vorschriften erlauben. »Wir wollen nicht, dass sich die reifen Weintrauben berühren, deshalb schneiden wir im späten Frühjahr die noch unreifen Trauben weg«, erläutert Francesca. Unreife Trauben werden abgeschitten, damit die Reben mehr Kraft in den Rest stecken.

* * *

Als wir einen Monat später nach Fonterenza zurückkehren, ist Margherita sehr entspannt, in Jeans, mit einem fleckigen T-Shirt und grünen Gummistiefeln. Sie steht auf der vierten Sprosse einer Metallleiter und drückt eine Ladung Trester in einen Behälter mit gärendem Rotwein, eine traditionelle Art der Weinveredelung. Francesca ist in Rom und liefert eigenhändig Wein aus, obwohl sie erst am Vortag auf dem Acker gewesen war und Bohnen ausgesät hatte.

Die Lese war beendet und sie war gut. »Dieses Jahr sind die Trauben wirklich gesund.« Heute lächelt Margherita fröhlich. »Wir haben sie zu zwölft in drei Tagen eingefahren.« Gerade kamen die aktuellen Alkoholanalysen: 14,5 Prozent. Sie öffnet den Hahn eines Holzfasses, gießt einen tiefroten, frisch gegorenen Wein in ein Probierglas und hält es uns hin. »Gestern hat er wie Blumenkohl gerochen«, sagt sie, so froh, als ob er nach Rosen duften würde. »Wenn man Wein auf natürliche Weise herstellt, ist er so lebendig. Er reagiert auf alles. Er schmeckt von Tag zu Tag unterschiedlich.«

Margherita erzählt mir, dass der diesjährige Brunello di Montalcino, Rosso di Montalcino (eine jüngere, frischere Version des Brunello), ein Vin Rosate (Rosé) und der Lupo di Fonteranza Cabernet unter dem Namen Fonteranza produziert werden. Wenn ich sie aber um eine Beschreibung der Weine von Fonteranza bitte, sagt sie, dass ihr das unmöglich ist. »Unsere Weine sind das Ergebnis dessen, was im Weinberg passiert ist. Sie haben Persönlichkeit, sie schildern immer eine andere Geschichte … über die Reben, den Boden, unsere Arbeit. Jeder unserer Weine wird dir davon erzählen.«

RISOTTO AL MIDOLLO DI BUE
KÜRBISRISOTTO

FÜR 6 PERSONEN

Für die Brühe

1 kg Ochsenfleisch oder Rinderbrust

1 kg Kalbsmarkknochen, jeder ca. 10 cm lang

1/2 Suppenhuhn

1 Zwiebel, ungeschält

2 Karotten

2 Selleriestangen

1 reife Tomate

1 Lorbeerblatt

Meersalz und frisch gemahlener schwarzer Pfeffer

Für den Risotto

75 g Butter

1 Zwiebel, fein gehackt

450 g Arborio- oder Carnarolireis

500 ml Rotwein

100 g Parmesan, frisch gemahlen

Zur Zubereitung der Brühe alle Zutaten zusammen mit 3 l kaltem Wasser in einen großen Kochtopf schütten. Aufkochen lassen und den Schaum von der Oberfläche schöpfen. Die Hitzezufuhr verringern und leicht zugedeckt 3 Stunden lang köcheln lassen. Nach Geschmack würzen und das Fett von der Oberfläche schöpfen.

Die Brühe durch ein Sieb in einen sauberen Topf gießen. Die Markknochen behalten.

Zur Zubereitung des Risotto die Brühe in einem Topf im hinteren Bereich des Kochfeldes leicht köcheln lassen. Die Hälfte der Butter in einem großen Topf mit schwerem Boden einschmelzen. Zwiebel dazugeben und auf niedriger Flamme erhitzen, bis sie weich und glasig ist. Ab und zu etwas Brühe dazugeben, damit sie nicht anbrennt.

Die Hitzezufuhr erhöhen und den Reis dazugeben, mit einem Holzlöffel ein paar Minuten lang umrühren, bis die Körner voller Butter sind und sie leicht rösten. Den Wein dazuschütten und aufkochen lassen, bis der Alkohol verflogen ist.

Gerade so viel Brühe dazugeben, dass der Reis bedeckt ist und unter Rühren weiterkochen, bis die Flüssigkeit aufgenommen wurde. Weiterhin kleine Mengen Brühe dazuschütten, wenn die vorherige Menge aufgesogen wurde, fast ständig weiterrühren. Wenn der Reis 15 Minuten lang gekocht hat, das Knochenmark von den Knochen schaben und unter den Reis rühren.

Eine weitere Kelle Brühe dazugeben und kochen, bis die Flüssigkeit aufgenommen wurde, ständig rühren.

Wenn der Reis cremig und zart, aber noch bissfest ist (insgesamt 18 Minuten), von der Flamme nehmen, die restliche Butter und den geriebenen Parmesan unterrühren. Abschmecken und noch einmal würzen.

Den Risotto einige Minuten stehen lassen, dann in einzelne Servierschüsseln geben.

COSCIOTTO D'AGNELLO ARROSTO
GEBRATENE LAMMKEULE

FÜR 6 PERSONEN

1 Lammkeule, ca. 2,5 kg

5 Knoblauchzehen, grob geschnitten

4 Rosmarinzweige, grob geschnitten

Meersalz und frisch gemahlener schwarzer Pfeffer

60 ml Weißwein

4 EL Olivenöl

1 Handvoll reife Cherrytomaten, halbiert

4 lange Schlitze in das Lammfleisch schneiden und mit Knoblauch und Rosmarin spicken. Das Lamm würzen und in einen passenden Behälter legen. Den Rotwein und das Olivenöl verquirlen und über das Fleisch schütten. Zudecken und im Kühlschrank mindestens 5 Stunden lang, auf Wunsch über Nacht, durchziehen lassen.

Den Ofen auf 200 °C (Gas Stufe 6) vorheizen. Die Keule mit der Fleischseite nach oben in ein Bratgefäß legen und 1 1/2 Stunden braten. Wenn es fast gar ist, aus dem Ofen nehmen und die zerschnittenen Tomatenhälften darüberreiben. Noch einmal 10 Minuten lang in den Ofen stellen. Vor dem Zerkleinern zehn Minuten lang stehen lassen.

FINOCCHIO AL BURRO E PARMIGIANO
GESCHMORTER FENCHEL MIT PARMESAN

FÜR 4 PERSONEN

4 Fenchelknollen, gesäubert

5 EL Olivenöl

Meersalz und frisch gemahlener schwarzer Pfeffer

50 g Parmesan, frisch gerieben

Von jeder Fenchelknolle die äußere Schicht entfernen, dann in gleich große Keile schneiden.

Olivenöl in einem Topf erwärmen. Fenchel dazugeben und sautieren, bis er weich wird, dann etwas Wasser dazugeben, salzen und pfeffern. Zugedeckt etwa 15 Minuten kochen, bis der Fenchel weich ist, gelegentlich rühren, Wasser dazugeben, um zu verhindern, dass er anbrennt.

Den geriebenen Parmesan unterrühren und zum Servieren noch einmal Pfeffer darüberstreuen.

MARMELLATA DI CIPOLLA
ZWIEBELMARMELADE

ERGIBT CA. 500 G

1 kg süße Zwiebeln wie z. B. Tropea, Vidalia oder Maui

100 g Salz

5 cm Zimtstange

1/2 TL Kreuzkümmelsamen

4 Nelken

1 kg Streuzucker

600 ml Balsamico Essig

200 ml Weinessig

Zwiebeln halbieren, in dünne Scheiben schneiden und in eine Schüssel legen. Salz dazugeben, gut durchrühren und 5 Stunden lang stehen lassen, damit der Saft aus den Zwiebeln treten kann. Zwiebeln unter kaltem Wasser abspülen und trocken tupfen.

Gewürze in ein Stück Musselin legen, es zusammenbinden und in einem mittelgroßen Topf mit dem Zucker und beiden Essigsorten legen. Die Mischung aufkochen lassen, regelmäßig umrühren, bis der Zucker sich aufgelöst hat.

Die Zwiebeln dazugeben und wieder aufkochen lassen. Weiterkochen, bis die Zwiebeln glasig und die Flüssigkeit dunkel und dickflüssig geworden ist, ca. 1 Stunde. Wenn alles abgekühlt ist, in den Kühlschrank stellen. Mit gekochtem oder gebratenem Fleisch servieren.

Silvano Mugnaini

Pilzesammler

Ich habe 15 Jahre gebraucht, um Silvano Mugnaini zu überreden, mich zum Pilzesammeln mitzunehmen. Er war früher mein Gärtner und manchmal wachte ich morgens auf und fand einen Weidenkorb voller *porcini* vor meiner Tür. Es waren immer makellose Exemplare, die man für eine botanische Illustration oder ein Märchenbuch hätte verwenden können: weiche, rosa und braun schimmernde Kappen; feste Unterseiten; kräftige, weiße Stängel; und sie rochen köstlich nach Waldboden.

Silvanos Großzügigkeit bezog sich allerdings nur auf die Pilze als solche. Wenn man ihn fragte, wo seine Jagdgründe lagen, schaute er auf seine schmutzigen Arbeitsschuhe hinunter und murmelte »*nel bosco*«. In den Wäldern. Als ich einmal fragte, ob ich ihn auf einen Ausflug begleiten könne, antwortete er, dass er lieber allein ginge.

Diese Körbe voller Pilze begeisterten und ängstigten mich gleichermaßen. Sie begeisterten mich, weil es schließlich *porcini* waren – und wie alle hier bin ich fasziniert von ihnen. Ich hatte etwas Angst, weil ich mich völlig auf den Schwur meines Gärtners verlassen musste, dass mich ihr Verzehr nicht umbringen würde.

In der Toskana gibt es viele Einrichtungen, zu denen man seine gesammelten Pilze bringen kann, damit die Sorte bestimmt und für harmlos und genießbar erklärt wird. Menschen wie Silvano aber nehmen diese Einrichtungen selten in Anspruch. Hart-

gesottene *fungaioli* sind davon überzeugt zu wissen, was sie in ihren Korb legen können und was besser in den Wäldern stehen bleibt. Meistens haben sie recht. Ich vertraue darauf, dass Silvano den Unterschied zwischen einem *amanita falloide* (tödlich, ohne Gegengift) und einem *porcino* kennt. Ich denke nur immer an die Schlagzeilen, die pünktlich zu Beginn der warmen und feuchten Jahreszeit in den Zeitungen auftauchen: »Pilzesammler mit Leberversagen im Krankenhaus eingeliefert ...«

Schließlich siegte stets mein Hunger über meine wahrscheinlich irrationalen Ängste, die daher rührten, dass ich selten Pilze gesammelt hatte. Am Ende bereitete ich die Pilze zu, aber immer mit einem mulmigen Gefühl. Immer wenn wir unsere Gabeln in die Hand nahmen, stockte mir der Atem.

* * *

Jason und ich bekamen bereits zu Hause eine Lektion im Pilzesammeln. Wir wollten Silvano am zweiten Montag im September treffen. Ich rief ihn am Sonntagabend an. »Wir können spazieren gehen ... aber wir werden nichts finden«, sagte er. »Es ist noch zu warm.« Es hatte ein wenig, aber nicht genug geregnet. »Zudem ist es windig. Pilze mögen Nebel – etwas Wind und schon sind sie weg.«

Zwei Tage später schlug das Wetter um, und schwere, graue Sturzbäche fielen vom Himmel. Das Unwetter war vorüber, die Temperaturen gesunken, aber die Luft war schwer und stickig. Silvano rief an. »Das ist gut. *La terra ribolle.*« Die Erde kocht über. Sie gärt. Laut Silvano hätte der Regen zu gar keinem besseren Zeitpunkt kommen können: zwei Wochen vor Neumond. Wir verabredeten uns mit ihm in drei Wochen.

Am Abend vorher rufe ich ihn noch einmal an. Während der vergangenen Woche hat Silvano mehr Pilze gefunden, als er dem Gesetz nach an einem Tag mit nach Hause nehmen darf (drei Kilogramm). »Wir müssen früh los. Bei Sonnenaufgang sind schon zu viele Leute da. Sie sollen nicht sehen, wo ich suche.« Wir sollen eine Lizenz zum Pilzesammeln, unseren alten Jeep und einen Weidenkorb mitbringen. Die Lizenz brauchen wir, weil wir nicht in dem Tal wohnen, in dem wir sammeln wollen; den robusten Jeep sollen wir mitbringen, damit wir uns möglichst weit von den anderen Pilze-

sammlern entfernen können; und den Korb benötigen wir, weil die Forstbehörden alle bestrafen, die Pilze in einen Plastikbeutel sammeln. Bei einem Korb fallen die Sporen durch die Zwischenräume und verbreiten sich weiter.

* * *

Wir treffen Silvano in einem Café, das auf halbem Weg an der Steilstraße nach *Passo della Consuma* liegt. Steigen voller Pilze und Tabletts mit gesalzenem Fladenbrot, üppig mit *porcini* belegt, werden zum Kauf angeboten. Wir erstehen drei Scheiben Brot und lassen sie für unser zweites Frühstück einpacken.

Als wir von der Hauptstraße abbiegen, weitet sich die Landschaft zu ausgedehnten grünen Wiesen, sanften Hügeln und Wäldern. Silvano redet lauthals vom Rücksitz auf uns ein, ohne Luft zu holen. »Es ist Zeitverschwendung, durch die ganze Welt zu rennen und Pilze zu suchen. Such dir ein Revier und bleib dabei.« Da er sich nun einmal dazu überwunden hat, uns mitzunehmen, scheint er wild entschlossen zu sein, uns in alle Geheimnisse des Pilzesammelns einzuweihen. »Ihr müsst auf das Wetter in eurem Jagdrevier achten – beobachtet Temperaturen, Regen, Wind und Feuchtigkeit. *Tutti i giorni.*« Jeden einzelnen Tag.

Ich kapiere schnell, warum wir mit dem Jeep kommen sollten. Das Auto hatte in den zehn Jahren, die ich es gefahren hatte, schon oft seine Leistung beweisen können, aber noch nie habe ich derartige Straßen gesehen. Holprig ist untertrieben. Schlammig auch. Immer wenn wir glauben, unsere alte Karre hätte Unmögliches geschafft, kommen wir wieder an einem am Straßenrand geparkten Fiat Panda vorbei, dessen Eigentümer schon in den Tiefen des Waldes nach Pilzen sucht.

Silvano lässt uns den Wagen in einem Pinienhain verstecken. »Nicht sprechen, wenn es nicht unbedingt nötig ist. Wenn ich eure Aufmerksamkeit brauche, klopfe ich mit meinen Stöcken.« Pilzesammler tragen immer einen Stock bei sich, mit denen sie um Bäume herumstochern und Blätter umdrehen (falls sich irgendwo eine Schlange versteckt). Silvano trägt zwei Stöcke bei sich. Wir folgen ihm in einen Kastanien- und Eichenwald – dem bevorzugten Lebensraum des *porcino*.

Die Erde leuchtet in warmen, gedämpften Herbstfarben – Blätter in Gelb, Orange und Braun; struppige grüne Büsche. Silvano geht für jemanden, der eigentlich nach etwas sucht, sehr schnell, klopft mit seinen Stöcken auf den Boden, was mich an einen Blinden mit einem Gehstock erinnert. »Mit dem Stock kann man fühlen, ob sich irgendwo ein Pilz versteckt«, flüstert er. »Und wenn zwischen den Blättern eine Wölbung zu sehen ist, kann ein *fungo* darunterstehen.«

Ich suche den Boden nach Pilzen ab; Silvano läuft kreuz und quer durch die Wälder. Tap ... Tap ... tap, tap, tap, tap! »*Venite, venite*!« Silvanos aufgeregtes Flüstern klingt mehr wie ein Zischen. Wir gehen vor einem winzigen Hügel am Fuße einer Kastanie in die Hocke. Mit der Spitze seines Holzstabes hebt Silvano die Blätter. »*Ecco*!« Er ist erleichtert. Mit einem leeren Korb würde er nicht nach Hause gehen.

Der *fungo* ist herrlich – ein perfekt geformter *porcino* – nicht groß, aber groß genug. »Wenn es warm ist, weht manchmal kein Wind, und wenn wir uns in der richtigen Mondphase befinden, lasse ich einen Pilz wie den da stehen, decke ihn zu und komme am nächsten Tag wieder. Er kann über Nacht doppelt so groß werden.« Heute nicht. Vorsichtig zieht er den *porcino* aus dem Boden und bürstet die Erde ab.

Den nächsten Pilz findet Jason. »Ich hab doch gewusst, dass du einen finden würdest«, ruft Silvano und vergisst für einen Augenblick das Redeverbot. Jason ist entzückt, fällt aber schnell in Ungnade. Silvano schreit auf, als er Jason dabei ertappt, wie er Blätter zur Seite schiebt, um nach weiteren Pilzen zu suchen. »Halt! Du kannst sie doch nicht platt walzen!« Ein eintägiger *porcino* hat die Größe eines Stecknadelkopfes. Eine unvorsichtige Bewegung und man reißt ihn aus der Erde.

Gebührend eingeschüchtert, trotten wir hinter Silvano her wie gehorsame Hunde. Vereinzelt deutet er auf giftige Pilze (die immer ganz harmlos aussehen) und gräbt ein paar weitere *porcini* aus. Ich glaube nicht, dass ich alleine auch nur einen Einzigen finden würde, wenn Silvano mich nicht buchstäblich an der Hand zu ihm führen würde. Sogar als einer direkt vor mir steht, brauche ich eine Weile, bis ich tatsächlich seine hellbraune Kappe zwischen dem Durcheinander aus Humus, Blättern und Zweigen sehe. Vorsichtig ziehe ich ihn aus der Erde. Er riecht nach Herbst ... und schmeckt später sehr gut.

TAGLIOLINI AI FINFERLI
TAGLIOLINI MIT PFIFFERLINGEN

FÜR 4 BIS 6 PERSONEN

1 kg Pfifferlinge
25 g Butter
2 TL Olivenöl
1 weiße Zwiebel, fein geschnitten
1 TL Thymianblätter
Meersalz und frisch gemahlener schwarzer Pfeffer
125 ml trockenen Weißwein
75 ml Sahne
500 g Tagliolini (oder Linguini)
frisch gemahlener Parmesan zum Servieren

Die Pilze mit einem weichen Tuch oder einer Pilzbürste reinigen, dann in mittelgroße Stücke schneiden.

Butter und Olivenöl in einem Topf erwärmen und die Zwiebel auf kleiner Flamme anbraten, bis sie weich und glasig ist. Die Wärmezufuhr auf mittlere Flamme erhöhen. Pilze und Thymian dazugeben, mit Salz und Pfeffer abschmecken, ein paar Minuten lang braten.

Den Wein dazuschütten, aufkochen lassen, bis der Alkohol verflogen ist, dann die Sahne unterrühren. Auf kleiner Flamme eine Minute lang köcheln lassen, damit die Soße eindickt.

Die Nudeln in reichlich Salzwasser kochen, bis sie weich, aber noch bissfest sind. Abtropfen lassen und etwas vom Kochwasser beiseitestellen.

Die Tagliolini auf kleiner Flamme sautieren und die Soße darunterziehen, etwas vom beiseitegestellten Kochwasser dazugeben, falls die Nudeln zu trocken sind. Mit geriebenem Parmesan servieren.

CAPPELLE DI PORCINI ALLA GRIGLIA
ÜBERBACKENE PORCINI-HÜTE

Die Stängel eines frischen, festen Porcino (Steinpilz), dessen Kappe mindestens so groß wie Ihre Handfläche ist, entfernen. (Eine Kappe pro Person genügt.) Den Pilz mit einem sauberen, feuchten Tuch oder einer Pilzbürste reinigen. Die Kappe mehrere Male einschneiden und mit Knoblauchstücken und einer Prise Salz füllen. Die Kappe mit Olivenöl bestreichen und bei mittlerer Hitze auf beiden Seiten im Ofen überbacken oder auf einem Bratrost grillen, bis sie weich und braun ist. Einzeln oder auf einem gegrillten Steak verzehren.

ZUPPA DI PORCINI E PATATE
PORCINI- & KARTOFFELSUPPE

FÜR 4 PERSONEN

750 g mehlig kochende Kartoffeln, geschält
3 EL Olivenöl
2 mittelgroße gelbe Zwiebeln, fein geschnitten
1 l heiße Hühnerbrühe
Meersalz und frisch gemahlener schwarzer Pfeffer
1/2 Rezept für Porcini Trifolati (siehe rechts)

Die Tomaten zerkleinern und beiseitestellen. Das Olivenöl und die Zwiebeln in einen kleinen Topf geben, auf kleiner Flamme erhitzen und unter ständigem Rühren weiterkochen, bis die Zwiebeln weich sind. Die Kartoffeln dazugeben und sautieren, bis sie etwas Farbe angenommen haben, ständig rühren, damit nichts anbrennt.

Die Hühnerbrühe dazugeben und nach Geschmack salzen und pfeffern. Mit leicht geschlossenem Deckel köcheln lassen, bis die Kartoffeln zerfallen. Die Suppe in einem Rührgerät pürieren oder kräftig mit einem Handrührgerät schlagen. Die gebratenen Pilze unterrühren, 5 Minuten köcheln lassen und servieren.

PORCINI TRIFOLATI
PORCINIPILZE MIT KNOBLAUCH & WILDER MINZE

FÜR 4 BIS 6 PERSONEN

1 kg Porcinipilze

80 ml Olivenöl

3 Knoblauchzehen, klein geschnitten

75 ml trockener Weißwein

2 EL Bergminze oder klein gehackte glatte Petersilie

Meersalz und frisch gemahlener schwarzer Pfeffer

Die Porcini mit einem feuchten Tuch oder Küchenpapier säubern. Wenn die Pilze groß sind, die Stängel von den Kappen trennen und jeden in dicke Scheiben schneiden. Kleinere Porcini nur einmal durchschneiden.

Das Olivenöl und den Knoblauch in einer Bratpfanne mit schwerem Boden auf mittlerer Flamme erhitzen, bis der Knoblauch goldbraun, aber nicht braun geworden ist. Die Porcini dazugeben und mit einem Holzlöffel rühren, bis sie weich werden. Den Wein dazuschütten und so lange rühren, bis der Alkohol verflogen ist.

Bergminze oder Petersilie hineinstreuen und mit Salz und Pfeffer abschmecken. Die Flamme herunterdrehen und 15 Minuten lang unter wiederholtem Rühren leicht köcheln lassen.

Famiglia Busatti Sassolini

Edles Leinen

Hoch über dem Tal des Tiber erhellt die Morgensonne einen Raum, dessen Fenster mit elfenbeinfarbigem Leinen behängt sind. Ein Tisch ist gedeckt mit Damaststoff und bestickten Servietten. In einem Schrank liegen adrette Stapel mit Geschirrtüchern – Leinen, Baumwolle, gestreift, mit Blumenmustern, einige in hellen Erdtönen, andere in Frühlingsfarben. Aus dem gleichen schweren Stoff gibt es auch Handtücher, deren Ränder sorgsam umhäkelt, mit Kreuzstich bestickt oder mit Quasten verziert sind. Durch die Dielen dringt gedämpftes Stampfen herauf, das sich nach Druckerpressen anhört. Es sind aber keine Druckerpressen, sondern Webstühle.

Elena Busatti Sassolini begrüßt mich mit einem Lächeln. »Mein Bruder Giovanni kommt gleich. Er wird dir die Mühle zeigen. Ich muss hier bleiben und nach dem Geschäft sehen.« Ich schlendere durch den Laden und stelle mir die Aussteuer vor, die mir zugestanden wäre, hätte ich das Glück gehabt, in Italien geboren zu sein.

Meine Träumereien werden durch die Ankunft von Giovanni unterbrochen, der sich als Nanni vorstellt, mich am Arm nimmt und die Stufen hinauf zu einem Arbeitszimmer führt, das vollgestopft ist mit Familienporträts, Bildern und in Leder gebundenen Büchern. Irgendetwas macht ihn auf Anhieb sympathisch. Er trägt seine 61 Jahre

mit Würde, hat aber ein knabenhaftes Funkeln in den Augen und ist geradlinig und freundlich, sodass ich mich sofort wohlfühle. Er beginnt, über die Geschichte der Mühle der Familie Busatti zu reden – eine Geschichte, die sich im Bergdorf Anghiari am östlichen Rand der Toskana über sieben Generationen erstreckt.

»Giovanni, Francesca, Livio, Giuseppe, Mario, Giovanni Battista, Niccolò«, Nanni erläutert den Stammbaum der Familie, beginnt mit sich selbst und zählt an seinen Fingern durch die Generationen zurück. Die Geschichte der Familie Busatti wurde auch durch die napoleonische Invasion im 18. Jahrhundert beeinflusst. Um 1750 eröffnete Niccolò Busatti in Anghiari eine Bäckerei. Das Geschäft war so erfolgreich, dass sein Sohn einige Jahre später an der gleichen Stelle einen Gemischtwarenhandel eröffnete, an der heute die Weberei und das Leinengeschäft der Busatti stehen. Im Geschäft gab es von allem etwas – Brot, Pökelfleisch, Garn –, man konnte sogar Geld leihen. Als Napoleons Truppen einmarschierten, beschlagnahmten sie das Geschäft und machten eine Wollweberei daraus, in der Uniformen für die französische Armee hergestellt wurden. Die Busattis zogen sich auf das Land zurück, betrieben Ackerbau und warteten das Ende der Besatzung ab. Als Anghiari nach etwa 17 Jahren Besatzung wieder zur Toskana gehörte, überließ der Großherzog das Gebäude der Familie als Kriegsentschädigung, und Giannis Großonkel Mario erweiterte es zu einer vollständigen Weberei.

* * *

Neben den Familienporträts steht ein eingeramtes vergilbtes Papier. Am oberen Rand stehen die Worte »*coperta bella a rosa. Isolina.*« Nanni erklärt, dass die Linien und Punkte auf dem Papier eigentlich die Anleitung zur Herstellung einer Decke mit einem Rosenmuster sind und dass Isolina eine einheimische Frau war, die von zu Hause aus für die Busattis gewebt hatte. »Die Bauernfamilien wollten ihre Frauen nicht außer Haus zum Arbeiten schicken. Wir stellten im ganzen Tal Webstühle auf und holten den fertigen Stoff wieder ab. Das tun wir heute noch.« In der Tat kommen jeden Morgen eine Handvoll Leute, um Garn abzuholen, das sie dann zu Stoffen und Tischtüchern verarbeiten, oder um damit zu sticken, z. B. Handtücher mit Kreuzstich verschönern oder was auch immer begabte Hände erfordert. Zweimal im Jahr versammeln sich alle im Landhaus der Busattis, wo der zuständige Priester die Messe hält und mehr als 50 Menschen an einem langen Tisch beim Essen sitzen.

Vor unserem Besuch in der Mühle möchte Nanni mir unbedingt zwei weitere Porträts zeigen. »*Ecco nonno Livio*«, sagt er. »Mein Großvater war ein erstaunlicher Mensch ... ein katholischer Sozialist. Ich habe nie mehr jemanden getroffen, der seine Prinzipien derart strikt befolgte. Am Ende jedes Jahres berechnete er die Lebenshaltungskosten seiner Familie und spendete den gleichen Betrag für wohltätige Zwecke.« Nanni geht weiter zum Bild seiner Eltern, einem gut aussehenden Ehepaar, umringt von acht Kindern (er ist der jüngste der sechs Jungen). »Als ich 14 Jahre alt war, starb mein Vater. Nonno Livio war im Jahr zuvor gestorben. Danach wurde alles anders.«

Mit »alles« meint er offenbar eine gewisse Leichtigkeit des Daseins. Seine Mutter wusste nicht, wie man ein Geschäft leitet. Sie sorgte dafür, dass ihre Kinder Bil-

dung und Kultur erfuhren, überschüttete sie mit Liebe und hoffte, dass sie die Vorsehung schon führen würde. Das tat sie ... bis zu einem gewissen Grad. In seinen Zwanzigern verließ Nanni Italien, bereiste die Welt und verkaufte Traktoren. »Ich verbrachte einige Zeit in Amerika, in Afrika, im Mittleren Osten ... es war fantastisch.« Letztendlich bekam er aber Heimweh. »Ich vermisste diese verrückten, alten Webstühle, die alle drei Minuten zusammenbrechen und dennoch solch wunderschöne Stoffe zustande bringen.«

* * *

Wir steigen ins Untergeschoss des *palazzo*, mit jeder Stufe wird das Klappern der Schiffchen lauter. Dort stehen die Webstühle voller Leinen, es sind überraschend grazile Maschinen aus Holz und Eisen. Jede hat ihren eigenen Rhythmus bei der Kettrichtung und dem Durchschuss. Die Fäden der Kettrichtung sind so fest gespannt wie die Saiten einer Harfe, der Durchschuss wickelt sich von den Garnrollen ab und pendelt hin und her, die Muster entstehen langsam, akribisch, Reihe um Reihe.

In diese Stoffe ist scheinbar die ganze Geschichte der Toskana eingewebt. »Die Streifen sind in den Farben der *arti fiorentine* gearbeitet: rot für die Metzger, blau für die Bäcker, gelb für die Goldschmiede und grün für die Gemüsehändler.« Wir gehen zum ältesten Webstuhl (aus dem Jahr 1878, die anderen stammen aus den Jahren nach 1930), an dem mit weißen Leinenfäden ein Muster aus grünen Olivenzweigen gewebt wird. Ein anderes Tuch ist mit hellblauem Fries umrandet.

Nanni hält sich ein Stück Stoff unter die Nase und atmet tief ein. »Man kann noch den Essig riechen, den wir zum Fixieren der Farben verwenden.« Die Busattis färben ihre beste Wolle und das Leinen immer noch mit Naturfarben, die sie selbst extrahieren. »Das Blau stammt von *guado* (Färberblaustoff) – das Indigo des armen Mannes; das gelbliche Grün von den Blüten und Blättern des Ginster. Wir färben das Garn und den Faden außerhalb der Weberei und trocknen es auf Binsenmatten, so wie man es auch vor Jahrhunderten getan hat. Es ist absolut umweltverträglich, darum können wir es hier mitten in der Stadt machen.«

In einem anderen Raum wird Wolle zu Garn versponnen. »Wir kaufen Schurwolle von Schäfern im ganzen Tal.« Er reicht mir einen Bausch Wolle frisch vom Schaf, an dem noch Reste von Gras hängen und der nach Tier und Wollfett riecht. Uralte, schmiedeeiserne Maschinen schlagen die Wolle sauber, waschen, ölen und kämmen sie vor dem Spinnen. Es überrascht mich kaum, dass auch der Vatikan die Busattis beauftragt hat, einfache weiße Baumwollschleier mit blauen Rändern als Geschenk für Mutter Theresa zu weben.

Zuletzt frage ich, ob es eine achte Generation der Busattis gibt, die die Familientradition weiterführt. »Früher glaubte ich nicht daran. Mein ältester Sohn entwirft Helikopter. Er hat herzlich wenig Interesse an der Weberei. Livio, mein Zweiter, studiert Jura. Aber Stefano, mein Jüngster ... lässt mich hoffen. Er kommt gerade vom Gymnasium und steckt voller Ideen. Wir streiten darum, wie die Weberei geführt werden soll ... aber das ist gut. Er zeigt Interesse. Der Samen ist gesät.«

SPAGHETTI AL SUGO FINTO
SPAGHETTI MIT »UNECHTER SOSSE«

FÜR 6 PERSONEN

50 g Schweineschmalz

4 EL Olivenöl

1 große rote Zwiebel, fein geschnitten

2 Selleriestangen, fein geschnitten

1 Handvoll glatte Petersilie, fein geschnitten

500 g reife Tomaten, geschält, entkernt und grob geschnitten

12 Basilikumblätter, geschnitten

Meersalz und frisch gemahlener schwarzer Pfeffer

500 g Spaghetti

frisch gemahlener Parmesan zum Servieren

Das Olivenöl in einem mittelgroßen Topf auf kleiner Flamme erhitzen. Zwiebel, Sellerie und Petersilie darin sautieren, bis das Gemüse weich ist.

Die Tomaten mit dem Basilikum dazugeben und salzen und pfeffern. 15 Minuten lang köcheln lassen, regelmäßig umrühren. Abschmecken.

Die Spaghetti in reichlich Salzwasser kochen, bis sie al dente sind. Abschütten, dann die Soße unterrühren. Bei Tisch den Parmesan dazu reichen.

CONIGLIO AI CAPPERI
KANINCHEN MIT KAPERN

FÜR 4 PERSONEN

4 EL Olivenöl

4 Knoblauchzehen, zerquetscht

1 Kaninchen, ca. 1,5 kg, in 8 Stücke geteilt

4 EL eingelegte Kapern, abgetropft

4 reife Tomaten, geschält, entkernt und grob geschnitten

Meersalz und frisch gemahlener schwarzer Pfeffer

Das Olivenöl und den Knoblauch in einen großen Topf mit schwerem Boden geben und auf mittlerer Flamme erhitzen, bis der Knoblauch braun geworden ist, dann alle Kaninchenteile dazugeben und von allen Seiten anbraten.

Kapern und Tomaten dazugeben, dann die Hitzezufuhr verringern und ca. 1 Stunde lang unter gelegentlichem Rühren kochen lassen und die Kaninchenteile ab und zu wenden. Wenn die Hälfte der Kochzeit vorüber ist, nach Geschmack mit Salz und Pfeffer abschmecken.

Wenn der größte Teil des Saftes verdampft ist, 120 ml Wasser dazugeben und gut rühren. Weiterkochen, bis das Fleisch die Flüssigkeit fast aufgesogen hat und das Kaninchen sich zart anfühlt, wenn man mit einer Gabel hineinsticht.

PATATE ARROSTO ALLE ERBE
WÜRZIGE BRATKARTOFFELN

FÜR 4 BIS 6 PERSONEN

4 Knoblauchzehen, geschält

2 Rosmarinzweige (nur die Blätter)

6 Salbeiblätter

1 Thymianzweig (nur die Blätter)

Meersalz und frisch gemahlener schwarzer Pfeffer

1 kg frische Kartoffeln

5 EL Olivenöl

Den Ofen auf 200 °C (Gas Stufe 6) vorheizen.

Knoblauch und die Kräuter so klein wie möglich schneiden. Mit Meersalz und frisch gemahlenem schwarzen Pfeffer abschmecken.

Kartoffeln schälen, in Stücke schneiden und in die Bratpfanne legen. Mit der Kräutermischung bestreuen. Das Olivenöl über die Kartoffeln schütten, dann rühren, damit sich Kräuter, Öl und Gewürz mischen.

Etwa eine Stunde lang im Ofen braten, bis die Kartoffeln goldbraun und durchgebraten sind. Gelegentlich wenden, damit sie gleichmäßig braun werden und nicht ankleben.

TORTA DI MELE
APFELKUCHEN

FÜR 8 PERSONEN

Butter zum Einfetten der Backform

150 g Mehl (ungebleicht)

1 EL Backpulver

2 mittelgroße Eier

1/2 TL Vanilleextrakt

100 g Streuzucker, plus 1 EL

250 ml Vollmilch

100 g ungesalzene Butter, zusätzlich 1 EL, zerlassen

5 oder 6 mittelgroße Bratäpfel

Den Ofen auf 180 °C (Gas Stufe 4) vorheizen. Eine Obstkuchenform mit einem Durchmesser von 28 cm einfetten. Mehl und Backpulver mischen.

Eier, Vanille und 1 TL Zucker in einer Schüssel verrühren. Langsam Mehl, Milch und 1 TL zerlassene Butter unter ständigem Rühren dazugeben, bis alles einen glatten Teig ergibt. In die vorbereitete Backform gießen.

Äpfel schälen, entkernen und in Stücke schneiden. Auf dem Kuchenteig verteilen und leicht hineindrücken, bis sie im Teig verschwunden sind.

100 g zerlassene Butter darüber gießen und mit 100 g Zucker bestreuen. 40 Minuten lang oder so lange backen lassen, bis der Kuchen goldbraun geworden ist. Warm oder bei Zimmertemperatur servieren.

Giovanni Fabbri

Pasta für Feinschmecker

»Wusstest du, dass San Lorenzo der Schutzheilige der Pastahersteller ist?«, fragt Giovanni Fabbri und zieht am Hebel einer schweren, grünen Pastamaschine. Nach einigem Grollen und Ächzen beginnt die Maschine gehorsam, Bänder aus *pappardelle di San Lorenzo* herauszupressen. Die Ränder sind an einer Seite gerade und haben auf der anderen Rillen. Die strohgelbe Pasta ist nach dem Namenstag des florentinischen Schutzheiligen benannt; dies war früher einmal der Tag, an dem die *pastai* im Stadtviertel San Lorenzo ihre Läden mit den langen, hellen Nudeln schmückten und die Kirche diese dann für die Armenspeisung in Fleischbrühe zubereitete.

»Die meisten Nudeln sind nach Dingen benannt, denen sie ähneln«, erklärt Giovanni, sein donnernder Bariton erinnert eher an einen Rundfunksprecher aus den alten Zeiten als an einen Pastahersteller der vierten Generation. *Ave Maria* und *Pater Nostri* (Vaterunser) sind nach den Perlen des Rosenkranzes benannt. Es gibt *semi di mela* (Apfelsamen) und *fior d'olivo* (Olivenblüten); *lumache piccole* (kleine Schnecken) und *lumaconi* (große Schnecken); *creste di gallo* (Hahnenkamm) und *cavatappi* (Korkenzieher); *capelli d'angelo* (Engelshaar) und *occhi di ladro* (Diebesaugen).

Wir gehen in einen kleinen Raum neben der Pastamaschine, in dem jede Menge schwerer, bronzefarbener Formen aufbewahrt werden, aus denen später Nudeln geformt werden. »Das ist der Schatz des *pastificio*«, sagt Giovanni stolz. Einige dieser Formen sind so alt wie der Laden selbst, der von seinem Urgroßvater als Bäckerei, *pastifico* und Lebensmittelladen im Jahr 1893 gegründet wurde.

Der Marktplatz einer kleinen ländlichen Stadt im Herzen des Weinanbaugebietes der Toskana ist eigentlich ein eigenartiger Ort für eine Pastafabrik. Giovanni widerspricht. »Vor 100 Jahren war die Gegend hier voller Weizenfelder.« Im Lauf der vergangenen 50 Jahre ersetzten Oliven und Weintrauben das *grano* und haben die hiesige Landschaft und Wirtschaft umgestaltet, obwohl der *pastificio* immer noch Weizen aus der Toskana kauft, der um Siena, Grossetto und Pisa herum angebaut wurde.

Viel hat sich geändert, seit Fabbri seine Spaghetti mitten auf dem Platz an der Luft trocknete und sie nach Gewicht verkauft und in braunes Papier eingewickelt wurden. Das Rezept aber blieb unverändert – nur *semolina* und Wasser –, obwohl die Fabbri ihre Pferde und die Mahlsteine nicht mehr benutzten, nachdem um 1900 die

Elektrizität eingeführt wurde. Nun wurde der Teig maschinell geknetet und die Nudeln in der *pastificio* langsam in beheizten Schränken getrocknet.

* * *

Bevor wir uns über die Unterschiede zwischen getrockneter *pasta artigianale* und der industriell hergestellten Ware unterhalten, möchte Giovanni über die verschiedenen Eigenschaften frischer Pasta (*raviolo, tortellini*) und getrockneter Pasta aus Hartweizengrieß sprechen. »Beides ist gut«, erklärt er. »Es sind nur zwei unterschiedliche Sachen.« Frische Pasta passt gut in *lasagne, ravioli* oder zu einer cremigen Soße. Getrocknete Pasta ist bissfester – kräftig genug, um sich gegen die typischen Aromen der Toskana und die Konsistenz von Bohnen, Wildfleisch und Käse wie Pecorino durchzusetzen. Frische Pasta mag Butter. Getrocknete Pasta liebt Olivenöl.

»*Ti faccio vedere*«, sagt Giovanni und bildet zwei kleine Häufchen von Weizenkörnern auf dem Tisch, dann nimmt er von jedem ein wenig und beißt hinein. Das Erste, *grano tenero* (aus dem die frische Pasta hergestellt wird) ist außen dunkelgelb, aber sehr hell im Inneren. Das zweite Korn, *grano duro* (Hartweizen, der zu *semola* zermahlen wird) ist hart, brüchig und gelb. *Grano tenero* wird zu weichem, weißem Mehl gemahlen – sein Gluten ist aber so schwach, dass die Pasta brechen würde, also werden Eier dazugegeben, die den Teig binden sollen und elastisch machen. Semolina ist sandiger als Mehl – voller Gluten und schwierig mit der Hand zu verarbeiten, sodass es traditionell durch Bronzeformen gegossen und langsam getrocknet wird.

Der Unterschied zwischen traditionell und industriell hergestellter Pasta ist riesengroß. »Zwei Dinge machen unsere Nudeln besser als die industriell hergestellten Sorten«, sagt Giovanni: »Ihre Konsistenz und die Temperatur, bei der sie hergestellt werden.« Er öffnet die Tür eines Trockenschranks und fährt mit seinen Fingern über die langen Stränge von Spaghetti, die dort zum Trocknen hängen. Die Pasta sieht weich aus, ist aber tatsächlich beim Anfassen rau – das kommt daher, dass sich der Teig langsam durch die Bronzetüllen bewegt. Durch diese Beschaffenheit kann die Pasta Soße besser aufnehmen als glatte, glitschige, industriell hergestellte Pasta.

Giovanni betont, dass die Produktionstemperaturen eine große Rolle spielen. »Wir wollen alles bewahren, was uns die Natur durch dieses Korn geschenkt hat.« Wenn die Temperatur zu irgendeinem Zeitpunkt während der Produktion über 38 °C ansteigt, verändert sich das Gluten, und die Nudeln können weniger Wasser und Soße aufnehmen. Kommerziell hergestellte Pasta wird in weniger als zehn Stunden getrocknet. Fabbris Pasta braucht zwei bis fünf Tage.

* * *

An diesem Nachmittag verlasse ich die *pastificio* mit jeder Menge Pasta unter dem Arm und einem Rezept für *nastroni sulla »nana«*, der berühmten Pasta mit Entensoße von Giovannis Schwiegermutter, die sie immer für das Weizendreschen aus eigenen Enten zubereitet. Als ich Giovanni um ein Nudelrezept bitte, das er an jedem Tag der Woche gerne essen würde, zögert er nicht. »*Pasta al dente con un filo d'olio. Tutto lì.*« Gekocht, aber nicht zu sehr, und mit Olivenöl beträufelt. Das war's.

MOLINO
SILVESTRI VINICIO
TORGIANO (PG)
TEL. (075) 982916
SEMOLA DI GRANO DURO

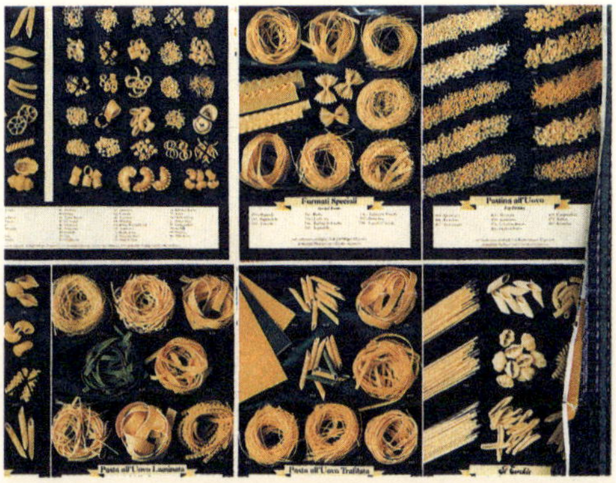

SPAGHETTONI CON CACIO E PIZZICO
SPAGHETTI MIT ALTEM PECORINO & SCHWARZEM PFEFFER

FÜR 4 PERSONEN

400 g getrocknete Spaghettoni oder dicke Spaghetti

Meersalz und frisch gemahlener schwarzer Pfeffer

4 EL Olivenöl

100 g alter Pecorino (aus Schafsmilch), gerieben oder zerkrümelt

Die Spaghetti in einen großen Topf mit Salzwasser geben und so lange kochen, bis sie al dente sind. Abtropfen lassen, eine Schöpfkelle des Kochwassers zurückbehalten.

Das Olivenöl und den Pecorino unter die Nudeln rühren, großzügig mit schwarzem Pfeffer würzen. Wenn die Nudeln etwas zu trocken sind, etwas vom Kochwasser darüberschütten und gut umrühren. Sofort servieren.

PENNE ALLA FIESOLANA
PENNE MIT PROSCIUTTO, SAHNE & PARMESAN

FÜR 4 PERSONEN

20 g Butter

1 EL Mehl

250 ml Milch, erhitzt, aber nicht aufgekocht

Meersalz und frisch gemahlener schwarzer Pfeffer

80 ml Sahne

3 EL frisch gemahlener Parmesan, zusätzlich etwas zum Servieren

2 EL Olivenöl

70 g dick geschnittener Prosciutto, klein gewürfelt

400 g getrocknete Penne

2 EL fein geschnittene, glatte Petersilie

Die Butter in einem kleinen Topf auslassen. Das Mehl hineinrühren und unter ständigem Rühren kochen lassen, bis die Mischung leicht nach Keksen riecht, nicht braun werden lassen. Langsam die warme Milch unterrühren, mit Salz und Pfeffer abschmecken, bis alles zu einer dünnen Soße geworden ist. Von der Flamme nehmen, die Sahne und den Parmesan unterrühren.

Das Olivenöl in einer kleinen Bratpfanne erhitzen und den Prosciutto vorsichtig anbraten, bis er leicht Farbe angenommen hat. Von der Flamme nehmen und die Sahnesoße unterrühren.

Die Penne in reichlich Salzwasser kochen, bis sie al dente sind. Abtropfen lassen und mit der Soße übergießen. In einzelne Servierschüsseln geben und mit Petersilie bestreuen. Bei Tisch geriebenen Parmesan anbieten.

NASTRONI SULLA 'NANA'
PASTABÄNDER MIT ENTENSOSSE

FÜR 6 PERSONEN

4 EL Olivenöl

1 Zwiebel, fein geschnitten

1 Karotte, fein geschnitten

1 Selleriestange, fein geschnitten

1 kleine Ente, gesäubert und in 8 Portionen aufgeteilt

100 g dick geschnittener Prosciutto, gehackt

1 Handvoll glatte Petersilie, gehackt

1 Handvoll Basilikumblätter, zerkleinert

60 ml Weißwein

800 g Tomaten, geschält, entkernt und geschnitten

Meersalz und frisch gemahlener schwarzer Pfeffer

500 g getrocknete breite Pastanudeln (wie z. B. Pappardelle)

Olivenöl in einer kleinen Bratpfanne erhitzen. Zwiebel, Karotte und Sellerie dazugeben und auf kleiner Flamme weich kochen. Entenstücke in die Pfanne legen und dann den Prosciutto, die Petersilie und das Basilikum dazugeben. Kochen, die Ente umdrehen und an allen Seiten bräunen.

Wein dazugießen und den Alkohol verdampfen lassen, dann die Tomaten dazugeben und mit Salz und Pfeffer abschmecken. 30 Minuten auf kleiner Flamme kochen lassen, wenn nötig Wasser dazuschütten.

Von der Flamme nehmen, die Ente herausnehmen und auf ein Brett legen. Soße passieren oder mit einer Gabel zerdrücken. Die Ente enthäuten, das Fleisch schneiden und wieder zur Soße in die Pfanne zurückgeben. Abschmecken.

Wasser in einem großen Topf zum Kochen bringen. Salzen und noch einmal aufkochen lassen. Die Nudeln kochen, bis sie al dente sind. Abgießen, dann die Soße unterrühren und sofort servieren.

Walter Tripodi

Küchenchef: La Frateria di Padre Eligio

Das Keramikschild mit der Aufschrift »*Pace e Bene* (Friede und alles Gute), Communità Mondo X Cetona« führt uns zum Eingang der *Frateria Padre Eligio*. Es ist spät geworden, und die Sonne geht unter, als wir an dem Franziskanerkloster in der südlichen Toskana ankommen. Es herrscht Stille, keine unnatürliche, sondern eine Art friedlicher Ruhe, bei der wir automatisch mit gedämpfter Stimme sprechen. Wir werden von einem schlaksigen 20-Jährigen begrüßt. Er führt uns durch einen Kreuzgang zu unserem Zimmer – einem von sieben, die für zahlende Gäste bestimmt sind.

Die Tür ist so niedrig, dass wir die Köpfe einziehen, als wir den Raum betreten. Das Bett ist mit handbestickten Leinenlaken ausgestattet. Ein polierter, hölzerner Schreibtisch steht an einem Ende des Raums; Fenster öffnen sich zu tadellos gepflegten Gärten; es gibt keinen Fernseher, keinen Internetzugang, kein Telefon.

Wir kamen aber eigentlich nicht wegen des schlichten, schnörkellosen Luxus der Zimmer hierher, sondern um am Tisch der Frateria ein siebengängiges Menü zu genießen, das angeblich nicht von dieser Welt ist und von dem außergewöhnlichen Chefkoch Walter Tripodi zubereitet wurde.

Walter Tripodi war 24 Jahre alt, als er in die *Frateria di Padre Eligio* im *Convento di San Francesco* kam, ohne Ausbildung und fest entschlossen, von den Drogen wegzukommen. In dem Kloster aus dem 13. Jahrhundert lebt und arbeitet eine Gruppe ehemaliger Drogenabhängiger unter der Schirmherrschaft von Mondo X, einem Wohlfahrtsprogramm, das vom Franziskanermönch Padre Eligio gegründet wurde. »Ich war unzufrieden mit meinem Leben. Ich wollte etwas ändern, wusste aber nicht, wie ich es alleine schaffen sollte. Deshalb kam ich hierher.« Das war vor mehr als 20 Jahren. Er ging nie mehr weg. Es liegt nicht daran, dass er sich in der »realen« Welt außerhalb der Mauern der *Frateria* und der etwa 30 Mondo-X-Gemeinschaften innerhalb Italiens nicht zurechtfände. Er bleibt, weil er es so will. Er hat in seiner Arbeit in der *Frateria* eine Aufgabe und einen Sinn gefunden.

* * *

Wir machen uns frisch und bahnen uns einen Weg durch ein Labyrinth von Korridoren und Innenhöfen, hinüber zu einem gemütlichen Speisezimmer, wo zwei weitere Paare in die vielen Köstlichkeiten auf ihren Tischen vertieft sind. Unser Kellner Simone schenkt uns Sekt ein und bringt eine Platte Prosciutto und Salami, einen Korb

mit unterschiedlichen Brötchen und zwei Pâtés – eine mit schwarzen Oliven, die andere mit Kapern – in die wir diese tauchen können. »Wir machen alle unsere *salumi* (Würste) selbst, der Wein und die Oliven stammen von unserer Gemeinschaft weiter oben an der Straße und die Kapern von der Insel Formica vor der Küste von Trapani in Sizilien, wo wir eine weitere Gemeinschaft haben.«, erzählt er uns.

Alles in allem sind die Mondo-X-Gemeinschaften hinsichtlich der Lebensmittelversorgung zu 90 Prozent autark. Niemand zahlt – oder wird bezahlt –, um in einer Mondo-X-Gemeinschaft zu leben oder zu arbeiten, und es gibt keine staatlichen Gelder für irgendwelche Projekte oder Kosten. Sie besitzen etwa tausendzweihundert Olivenbäume, acht Hektar Gemüsegärten und einen Morgen Weinberg. Sie halten Nutztiere – Kühe, Schweine, Kaninchen, Truthähne, Hühner und Perlhühner. Das Brot auf unserem Tisch wurde im 500 Jahre alten Backofen des Klosters gebacken.

Unsere Mahlzeit erstreckt sich über Stunden. Auf die *salumi* folgt ein Radicchiosalat, über den grüne Bohnen gestreut sind, danach saftige Stücke vom Perlhuhn, zubereitet mit Kräutern in Backpapier. Schließlich hellgelber Risotto mit Safran, Schwertfisch und Muscheln; gefolgt von Ravioli gefüllt mit Ricotta und wilden Nesseln in einer cremigen Soße mit karamellisiertem Knoblauch; danach in süßem Vin Santo zubereitete Taube mit Rosinen und Pinienkernen. Simone war aufmerksam und beflissen ohne eine Spur des anbiedernden Gehabes, das manche Bedienungen an den Tag legen und durch das ein vorzügliches Essen empfindlich gestört werden kann. Wir beugen uns gerade über Zitronensorbet und *biscotti* aus dunkler Schokolade, als Walter, in die weiße Montur eines Chefs gekleidet, mit einem sanften Lächeln an unserem Tisch auftaucht. »*Riposatevi bene … ci vediamo domani mattina.*« Schlaft gut … bis morgen früh.

* * *

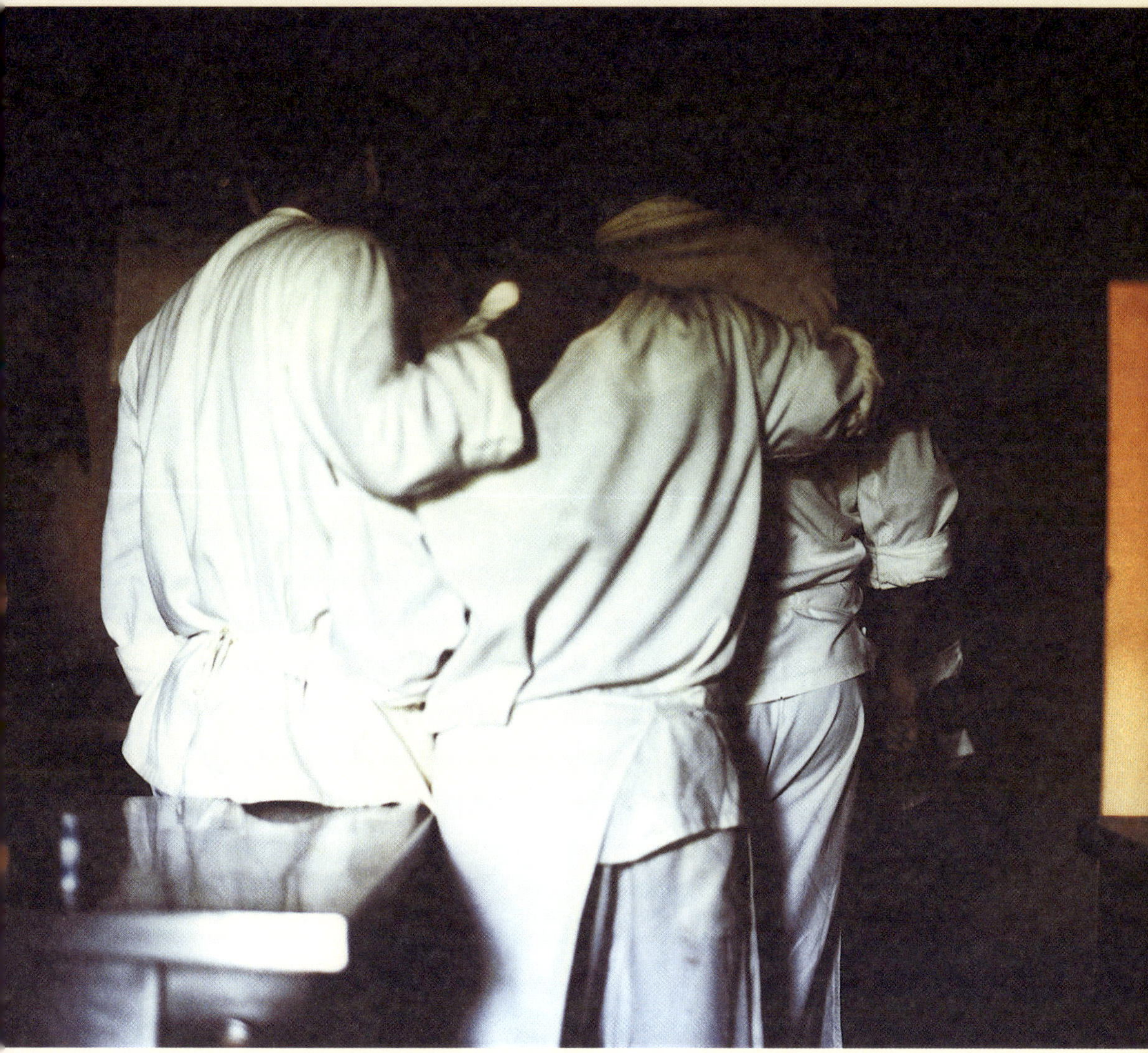

Die Gemeinschaft versammelt sich allmorgendlich um halb sieben zur Messe in der Kapelle. Ihre schönen und innigen Stimmen sind bis in den Garten hinaus zu hören. Nach dem Frühstück treffen wir Walter im Kreuzgang vor der Küche. Die *ragazzi* (Padre Eligio nennt sie Kinder, obwohl die Jüngsten bereits 14 und die Älteren längst erwachsen sind) haben sich an die Arbeit gemacht – Küchenarbeit, den Garten pflegen, die Wälder säubern, Eisen schmieden, Travertin formen, Holz bearbeiten, sticken.

Man erkennt überall, dass sie gearbeitet haben – selbstverständlich auf dem Tisch, aber auch im Gemüsegarten, der märchenhaft aussieht; an den Unmengen von Rosen, die über die Steinmauern wuchern; an einem zierlichen Eisentor, das sich zu einem Kreuzgang hin öffnet; und an unglaublich dünnen Travertinschüsseln, die zugleich antik und zeitgenössisch anmuten. Alles hier ist anscheinend von Schönheit und Grazie durchdrungen. »1979 war das *Convento* verfallen«, sagt Walter. »Die Gemeinschaft hat es in 18 Jahren restauriert.« Er reicht mir einen Kalender, in dem für jeden Monat Bilder vom Kloster vor und nach der Renovierung gegenüberstellt sind. Die Veränderung ist unfassbar. Es sieht eher aus wie das Werk versierter Kunsthandwerker als die Arbeit von Jugendlichen, die versuchen, von den Drogen loszukommen.

»Unsere Arbeitstage und unsere Studien sind gut strukturiert, es gibt aber nur eine feste Regel – dass niemand sich selbst überlassen wird«, erklärt Walter. »Wenn die Kids hier ankommen, sind sie nicht bei klarem Verstand und unausgeglichen. Anfangs haben wir Psychologen und Ärzte zurate gezogen, merkten aber, dass das keine echte Hilfe war. Ein junger Mensch in einer Krise muss sich selbst neu entdecken – durch ein Leben in Würde, mit Werten und klaren Regeln. Das bieten wir hier.«

Walter will unbedingt, dass wir verstehen, was die Gemeinschaft ist. »Dies ist keine religiöse Gemeinschaft, obwohl sich überall kirchliche Symbole finden.« Es wird nicht erwartet, dass man die Messe besucht, obwohl das fast alle tun. »Wir sind kein Rehabilitationszentrum, sondern eine *comunità di vita.*« Eine Lebensgemeinschaft. *Tempora tempera tempore* (die Zeit formt uns) lautet das Motto von Mondo X. »Hier gibt es keinen Vorgesetzten. Padre Eligio kommt und geht. Jemand, der den Tod gewählt hat, verwandelt sich in jemanden, der sich für das Leben entscheidet durch Gespräche, Diskussionen, durch Selbstbeobachtung, Respekt anderen gegenüber, durch die Liebe zu sich selbst und die Aufmerksamkeit, die er seiner Arbeit zuwendet.«

Manchmal wird diese Arbeit zur Leidenschaft. Es war Padre Eligio, der vorschlug, dass Walter in der Küche arbeiten sollte. »Ich fing wie alle anderen an – Geschirr abwaschen, Brot backen, für die Gemeinschaft kochen – und arbeitete mich hoch, bis ich am Herd stand. Im Laufe der Jahre hatte ich drei echte Lehrer«, sagt er, »Gerard Boyer aus Reims in Frankreich brachte mir bei, wie man eine Küche organisiert; Cesare Giaccone, der als einer der besten italienischen Chefköche überhaupt gilt, lehrte mich, meine Rohzutaten wirklich zu verstehen; und von Mario Buffone, einem der Gründer von Mondo X, lernte ich Einsatz, Aufopferung und Beständigkeit. Drei unterschiedliche Schulen … aber von jedem lernte ich etwas Wichtiges.«

* * *

Eine Glocke läutet und die *ragazzi* strömen zum Mittagessen in das Refektorium. »*Ciao, chef*«, sagen sie im Vorbeigehen zu Walter. Die Tische sind u-förmig aufgestellt, damit sich alle sehen können. Ein einfaches Gebet mit einem Segensspruch und der Bitte um Demut und Dankbarkeit ist in Holz geschnitzt. »Bei den Mahlzeiten kommen wir als Gemeinschaft zusammen, um darüber zu reden, was in der Welt vorgeht, um Probleme zu diskutieren, die aufgetaucht sind, und um einander einfach nur Gesellschaft zu leisten.« Der Letzte schließt die Tür hinter sich. »Ihre Privatsphäre ist heilig«, sagt Walter. Wir werden nicht hineingebeten.

»Machst du jemals Urlaub?«, frage ich. Er schaut mich an, als ob ihm das nie in den Sinn gekommen wäre. »Ich besuche meine Familie in Kalabrien, aber sonst, nein. Mein Leben spielt sich hier ab. Es fasziniert und erfüllt mich. Ich habe nie beschlossen, für immer hier zu bleiben – ich habe mich bewusst dafür entschieden, mein Leben hier und so zu leben, und ich entscheide mich jedes Jahr von Neuem.«

Le Stagioni

INSALATA DI FARAONA CON RADICCHIO E FINOCCHIO

SALAT MIT PERLHUHN, RADICCHIO & FENCHEL

FÜR 6 PERSONEN

Für das Perlhuhn

1 bratfertiges Perlhuhn
2 Rosmarinzweige (nur die Blätter)
2 Salbeizweige (nur die Blätter)
10 Wacholderbeeren
3 Knoblauchzehen, zerkleinert
Meersalz und frisch gemahlener schwarzer Pfeffer

Für den Salat

1 gehäufte Handvoll grüne Bohnen
2 reife Tomaten
2 Fenchelknollen
Olivenöl zum Besprenkeln
Zitronensaft zum Besprenkeln
3 kleine Radicchioköpfe, gewaschen

Für das Dressing

8 EL Olivenöl
Saft 1 Zitrone
1 Schuss Weißwein
2 TL gesalzene Kapern, abgewaschen

Den Ofen auf 180 °C (Gas Stufe 4) vorheizen. Das Perlhuhn waschen und trocken tupfen. Kräuter, Beeren und Knoblauch zur Hälfte in das Innere des Perlhuhns reiben, den Rest darüberstreuen.

Das Perlhuhn in Backpapier einwickeln, die Enden gut zusammenfalten und wenn nötig, mit einem Faden zubinden. 1 1/2 Stunden lang backen.

Den Salat zubereiten. Die Bohnen 3 Minuten lang in Salzwasser kochen, dann in kaltes Wasser geben. Abtropfen lassen und trocken tupfen.

Die Tomaten eine Minute lang in kochendes Wasser legen. Herausnehmen und enthäuten, halbieren, entkernen und das Fleisch grob schneiden.

Den Fenchel möglichst fein schneiden und so auf Salatteller legen, dass der Boden bedeckt ist. Olivenöl und Zitronensaft darübergießen, salzen.

Das Perlhuhn aus dem Backpapier herausnehmen und auf ein Brett legen. Abkühlen lassen, enthäuten und zerkleinern. Die Zutaten für das Dressing verrühren und über das Fleisch gießen.

Den Radicchio schälen und auf jedem Salatteller eine Schicht über den Fenchel legen. Die zerkleinerten Tomaten, das geschnittene Fleisch und die grünen Bohnen hinzugeben und servieren.

RAVIOLI CON LE ORTICHE AL BURRO E AGLIO

RAVIOLI MIT BRENNNESSEL, RICOTTA & KNOBLAUCHBUTTER

FÜR 6 PERSONEN

Für die Füllung

200 g Ricotta (aus Schafsmilch)

500 g zarte Brennnesselblätter (bzw. Spinat oder Mangold)

60 g Parmesan, frisch gemahlen

1 Eigelb

1 Prise gemahlener Zimt

1 Prise frisch gemahlener Muskat

Meersalz und frisch gemahlener schwarzer Pfeffer

Für die Nudeln

400 g Pastamehl der Sorte 00, zusätzlich etwas zum Bestäuben

1 Prise Meersalz

4 große Eier

1 EL Natives Olivenöl Extra

Für die Soße

6 Knoblauchzehen, geschält

75 ml Weißwein

90 g Butter

1 EL Zucker

frisch gemahlener weißer Pfeffer

Zum Servieren

Einige Thymianzweige

frisch gemahlener Parmesan

Den Ricotta für die Füllung in ein mit Musselin ausgelegtes Sieb legen und abtropfen lassen.

Bei der Verarbeitung von rohen Brennnesseln sollte man Handschuhe tragen. Stängel und Rippen vom Grünzeug abschneiden und die Blätter mehrmals mit kaltem Wasser waschen. Abtropfen lassen. Kochen, bis sie zart sind und das Wasser noch an den Blättern haftet (falls notwendig, etwas mehr Wasser in den Topf geben). Abtropfen und abkühlen lassen, dann zusammenballen und so viel Wasser wie möglich herauspressen. Die Blätter fein zerkleinern und noch einmal ausdrücken.

Das zerkleinerte Grünzeug zum Ricotta in eine Schüssel geben und Parmesan, Eigelb und

Gewürze dazugeben. Mit einem Holzlöffel zu einem glatten Teig verrühren, dann nach Geschmack salzen und pfeffern. Beiseitestellen.

Für den Nudelteig auf der Arbeitsfläche einen Berg aus Mehl bilden, in dessen Mitte eine Mulde drücken und salzen. Die Eier aufschlagen und in die Mulde geben, Olivenöl dazuschütten und vorsichtig mit einer Gabel umrühren. Mit der Hand die Eimasse umrühren, damit das Mehl langsam von allen Seiten in die Mulde hineingezogen wird. Wenn sich ein fester Teig gebildet hat, mit beiden Händen das restliche Mehl darunterkneten. Der Teig sollte klebrig sein, aber nicht an den Händen haften. Die Arbeitsfläche reinigen.

Die Arbeitsfläche leicht mit Mehl bestäuben und den Teig etwa 8 Minuten durchkneten, bis er weich und elastisch ist, in kleinen Mengen Mehl dazugeben, falls er an den Händen klebt. Den Teig per Hand oder mit der Maschine ausrollen. Wenn der Teig per Hand ausgerollt wird, diesen fest in Frischhaltefolie einwickeln und ruhen lassen – etwa 20 Minuten bis 3 Stunden.

Wenn der Teig mit der Maschine ausgerollt wird, diesen zu 6 Bällen formen und mit einem feuchten Küchentuch zudecken. Die Maschine auf eine möglichst große Arbeitsfläche stellen. Mit den Händen einen Teigball zu einem Rechteck verarbeiten und ihn durch die Maschine drehen. (Etwas Mehl darüberstreuen, falls er klebrig ist.) Den Teig in 3 Teile teilen und wieder durch die Maschine drehen. 3 bis 4 Mal wiederholen, bis der Teig weich und geschmeidig ist. Die Einstellung der Walze um eine Kerbe verringern, sodass der Abstand dazwischen kleiner wird. Den Teig zweimal hindurchdrehen, ohne Falten zu bilden. Die Abstände weiter um jeweils eine Einstellung verringern und den Teig hindurchdrehen, bis er die kleinste Einstellung zweimal durchlaufen hat. Den Teigstreifen auf eine mit Mehl bestäubte Oberfläche legen und den Vorgang mit den restlichen Teigbällen wiederholen.

Wenn der Teig per Hand ausgerollt wird, diesen in 3 Portionen aufteilen. Auf eine mit Mehl bestäubte Fläche legen, dann vorsichtig flach drücken und zum Ausrollen des Teiges ein Nudelholz verwenden. In der Mitte beginnen und nach außen hin arbeiten, den Teig drehen und umwenden, damit er gleichmäßig ausgerollt und so dünn wie möglich wird.

Mit einem Teigrad mit scharfem Rand den Teig in 7 bis 8 cm breite, lange Streifen schneiden. Einen gehäuften TL der Füllung am unteren Ende der Pastastreifen in jeweils 4 cm Abstand verteilen. Um jeden Klecks herum Wasser streichen, dann vorsichtig über den Streifen falten, damit die Füllung eingeschlossen ist. Jede gefüllte Tasche rundum versiegeln, vorsichtig die Luft mit den Fingerspitzen herausdrücken. Mit einem Teigrad (oder Pizzaschneider) mit geradem oder gezacktem Rand in 4 cm große Quadrate schneiden. Den Vorgang mit den restlichen Pastastreifen und der Füllung wiederholen.

Zur Zubereitung der Soße den Knoblauch in eine kleine Schüssel geben, mit Salz bestreuen und 1 Stunde lang stehen lassen. Abtropfen lassen und trocken tupfen, dann den Knoblauch in einen kleinen Topf mit kaltem Wasser geben und aufkochen lassen. Den Knoblauch entfernen, den Topf noch einmal mit frischem kalten Wasser auffüllen und wiederholen. Diesen Vorgang noch einmal wiederholen, dieses Mal 1 EL Essig ins Wasser geben. Den Knoblauch abtropfen lassen und trocken tupfen.

Butter in einem kleinen Kochtopf zerlassen. Knoblauch und Zucker dazugeben und so lange kochen, bis sich der Zucker aufgelöst hat. Die restlichen 60 ml Weinessig dazugeben, mit Salz und weißem Pfeffer abschmecken und so lange kochen lassen, bis der Knoblauch leicht karamellisiert ist (eher hell als braun).

Für die Ravioli in einem großen Topf Salzwasser zum Kochen bringen. Ravioli dazugeben und al dente kochen, ca. 3 Minuten. Abtropfen lassen und auf angewärmte Schüsseln verteilen. Mit einem Löffel auf die Soße geben und mit Thymian garnieren und etwas geriebenem Parmesan bestreuen.

PICCIONE CON PINOLI E UVETTA
GESCHMORTE TAUBE MIT PINIENKERNEN & ROSINEN

FÜR 4 PERSONEN

2 ausgenommene Tauben
2 EL Rotweinessig
6 EL Olivenöl
Etwa 100 ml Vin Santo
1 gelbe Zwiebel, fein geschnitten
1 Selleriestängel, in Würfel geschnitten
1 Knoblauchzehe, geschnitten
1 Lorbeerblatt
1 TL Rosinen
2 EL Pinienkerne, geröstet

Den Ofen auf 160 °C (Gas Stufe 3) vorheizen. Die beiden Tauben so halbieren und das Brustbein entfernen, dass 4 Portionen entstehen, an denen sich jeweils eine Brust mit Knochen, eine Keule und ein Bein befinden.

Die Tauben in eine Schüssel legen. Den Wein, 3 EL Olivenöl und 2 EL Vin Santo darübergießen. 15 Minuten beiseitestellen und marinieren lassen, dann abschütten.

In einer hitzebeständigen Kasserole 3 EL Olivenöl erhitzen. Zwiebel, Sellerie, Knoblauch und Lorbeerblatt dazugeben und einige Minuten lang auf kleiner Flamme erhitzen.

Die Taubenhälften in die Kasserole legen, mit einem Spritzer Vin Santo und 75 ml Wasser übergießen, dann zudecken und im Ofen 1 1/2 Stunden braten lassen. In der Zwischenzeit die Rosinen in warmem Wasser 20 Minuten lang einweichen, dann abtropfen lassen.

Die Taubenhälften auf eine warme Platte legen. Den Bratensaft in eine kleine Schüssel geben und 4 EL Vin Santo darunterrühren. Rosinen und Pinienkerne dazugeben, über die Tauben gießen und servieren.

BISCOTTI AL CIOCCOLATO
SCHOKOLADENBISCOTTI

ERGIBT ETWA 24 STÜCK

200 g weiche Butter, zusätzlich etwas zum Einfetten
200 g dunkle Schokolade
125 g Streuzucker
125 g weicher brauner Zucker
250 g Mehl, etwas mehr zum Bestäuben
2 große Eier, leicht geschlagen

Den Ofen auf 180 °C (Gas Stufe 4) vorheizen. Eine Backform (23 x 33 cm) mit Butter einreiben. Mit einem scharfen Messer oder Gemüseschäler die Schokolade dünn raspeln; beiseitestellen.

Butter, Zucker, Mehl und Eier in einer Schüssel gründlich mischen, damit ein glatter Teig entsteht. Schokoladenraspeln hineingeben. Mit einem Spatel den Teig gleichmäßig in die vorbereitete Form geben und 20 Minuten lang backen.

Aus dem Ofen nehmen und auf 100 °C (Gas Stufe 1/4) herunterdrehen. Mit einem Teigrad mit scharfem Rand oder einem Messer den Teig in 4 cm große Quadrate oder Rauten schneiden.

In den Ofen zurückstellen, bis alles trocken und knusprig, aber nicht braun ist, ca. 30 Minuten. Auf ein Drahtgitter legen und abkühlen lassen. Warm oder bei Zimmertemperatur servieren.

Dante Milani

Messermacher

»Kannst du mir ein Messer machen? ... Heute?« Meiner Meinung nach ist ein ordentliches Messer das wichtigste Werkzeug in der Küche. Aber wie ein Schulkind, das glaubt, die Milch käme aus dem Supermarkt, dachte ich immer, dass Messer einfach nur aus dem Geschäft kommen. Ich habe nicht die geringste Ahnung, ob es möglich ist, ein Messer in nur einem Arbeitsgang herzustellen. Wenn dem aber so ist, dann möchte ich, dass der 82-jährige *mastrocoltellaio* Dante Milani mir eines macht.

Er packt eine Sammlung handgearbeiteter Messer aus. »*Come le vuole*?« Breit grinsend entblößt er eine vollständige Reihe unverschämt gerader, blendend weißer Zähne. Ich nehme ein Taschenmesser an seinem geschnitzten Holzgriff und klappe die glänzende Klinge aus. »*Attenzione*«, sagt Milani und erinnert mich daran, dass Messer kein Spielzeug sind. Er reicht mir ein Messer mit einem Griff aus Hirschgeweih. Archaisch, leicht Angst einflößend und schön; ich kann mir nicht vorstellen, was ich je damit anfangen soll. »*E questo*?«, frage ich, während ich ein Werkzeug mit einem lederüberzogenen Griff und einer silbernen Klinge betrachte. »Ah! Das berühmte *pennato di Monterotondo*. Das hat mein Urgroßvater Salvatore entworfen, man kann damit Zweige kürzen und Triebe von Bäumen abschneiden.«

Ich frage, ob er etwas ein wenig ... Alltäglicheres hat. Er zieht ein zweites Bündel aus einer Pappschachtel, wickelt es aus und da liegen sie: Eine Reihe Küchenmesser, so bescheiden und einfach, dass ich verstehen kann, warum er sie nicht gleich hervorgeholt hat – obwohl sie in ihrer Schlichtheit wunderschön sind. Ich nehme sie in die Hand, entscheide mich für ein Messer, das gut in der Hand liegt und das richtige Gewicht hat. Seine Klinge ist fast so lang wie meine ausgestreckte Hand, und es besitzt einen glatten Holzgriff. An ihm gefällt mir alles – wenn man davon absieht, dass ich nicht gesehen habe, wie es aus Metall und Feuer entstanden ist.

»Ach, die Herstellung dieses Messers ist am einfachsten«, sagt er verächtlich, als ob er bei dieser Bitte kaum den vollen Umfang seines Könnens zeigen könnte. »Aber wenn du es haben willst ...« Seine Stimme verhallt, während er das Schmiedefeuer entzündet und ein Streichholz an ein Bündel zerknüllte Zeitungen in einem Bett aus schwarzen Kohlen hält. Zara, seine Hündin, rollt sich in einer Ecke zusammen, gähnt und döst ein. Sie hat das schon tausendmal erlebt.

* * *

Milani nimmt einen Eisenstab und hält ihn über die Flamme, bis er so rot glüht wie die Kohlen. Dann legt er ihn auf den Amboss und beginnt, ihn mit einem gleichmäßigen, rhythmischen Hämmern zu bearbeiten, dessen schriller Klang noch lange, nachdem die rohe Klinge vom Stab gebrochen wurde, in der Luft hängt.

Milani hält sich offensichtlich nur an die Arbeitsschutzgesetze und Sicherheitsstandards, die vor hundert Jahren galten, als sein Vater die Werkstatt im Bergdorf Monterotondo Marittimo bezog. Die Decke ist mit dickem, schwarzem Ruß überzogen – es gibt keinen Abzug, und der Raum wird nur durch die offen stehende Tür gelüftet –, aber Milani macht das anscheinend nichts aus. Er pfeift, während er mit dem Hammer in der Hand die Klinge formt. Er ist so kräftig, als wäre er nur halb so alt, und hat außerdem an seiner Arbeit eine arglose, fast kindliche Freude.

Als die rohe Klinge abgekühlt ist, stöbert er in einer Kiste mit rechteckigen Holzblöcken nach einem Griff. »*Questo è bellino*«, erklärt er, während er das Stück in den Schraubstock spannt, einen Schlitz in die Mitte bohrt und die Klinge hineinsteckt.

Dann wirft er die Schleifmaschine an. Ohne Handschuhe lässt er die Klinge über die Drehscheibe hin und her gleiten, während die Funken sprühen. Als der Rand rasierklingenscharf ist und silbrig glänzt, reibt er den hölzernen Griff mit Schmirgelpapier ab und gibt ihm so die endgültige Form; dann bohrt er drei Löcher in den Griff und die Angel (dem Teil der Klinge, die in den Griff hineinragt). »Mit diesem Messer kann man alles schneiden, was es in der Küche gibt.«

Warum also lässt er die Klinge noch einmal aus dem Griff herausgleiten, anstatt die Nieten hineinzuschlagen? Aus einem einfachen Grunde: Das Messer ist unbrauchbar, solange die Klinge nicht eingeglüht wurde. »*Quello che conta è tutto qui*«, erklärt Milani nachdrücklich. Das ist wichtig. »Die Leute glauben, dass es sich beim Einglühen um eine Art Geheimwissen handelt«, sagt er und facht das Feuer an. »Man braucht nur jahrelange Erfahrung. *Guardi*!« Er hält die Klinge in die Flammen und binnen Minuten färbt sich das Metall von gold zu violett und hin zu grau. »Man lernt, genau einzuschätzen, wie lange man das Metall erhitzen muss, damit die Klinge hart ist, aber nicht brüchig wird.« Er wirft es zum Abkühlen in einen Eimer mit Olivenöl, dann stellt er einen Topf Wasser in die verlöschende Glut des Schmiedeofens.

* * *

»Du weißt, dass du mit dem Messer sorgsam umgehen musst, ja?«, fragt er, steckt die Klinge wieder in ihren Griff und hämmert die Nieten hinein. »Wenn du es nicht richtig abtrocknest, rostet es. Und das Holz muss eingeölt werden.« Das macht mir nichts aus. Dieses Messer werde ich in Ehren halten.

Feierlich überreicht er es mir, geht dann hinüber zum Schmiedeofen und wirft eine Handvoll trockener Nudeln, ein Stück Fleisch und eine halbe Wurst in das köchelnde Wasser. Ich schaue ihn fragend an. »*La pappa del cane*.« Zaras Abendessen.

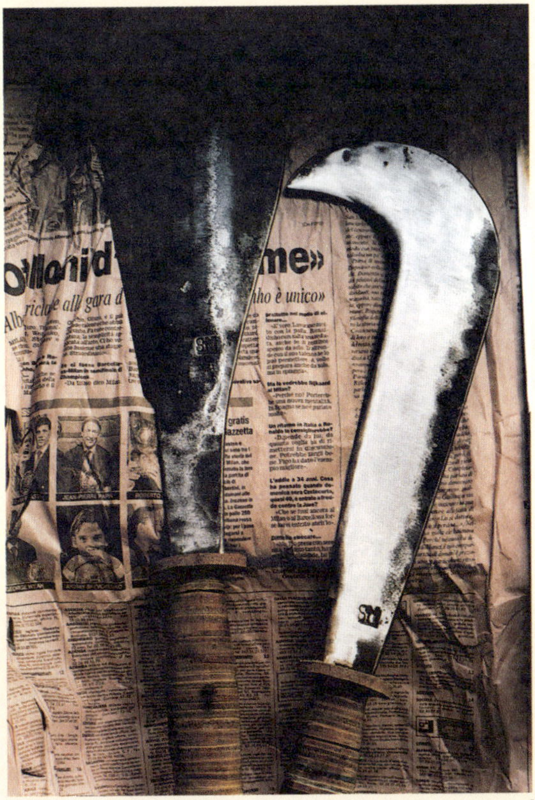

RIBOLLITA
ÜBERBACKENE TOSKANISCHE BROTSUPPE

FÜR 6 BIS 8 PERSONEN

400 g getrocknete Cannellinibohnen, über Nacht in kaltem Wasser eingeweicht

6 EL Olivenöl, zusätzlich etwas zum Besprenkeln

2 Knoblauchzehen (ungeschält)

4 bis 5 Salbeiblätter

einige schwarze Pfefferkörner

Meersalz und frisch gemahlener schwarzer Pfeffer

2 Zwiebeln, zerkleinert

2 Karotten, grob zerkleinert

2 Selleriestangen, grob zerkleinert

2 Kartoffeln, geschält und in Stücke zerkleinert

1 Bündel Cavalo Nero oder Kale (Schwarz- oder Grünkohl), grob zerkleinert

1/2 kleiner Wirsing, grob zerkleinert

1 großer Bund Mangold, grob zerkleinert

400 g Dosentomaten, zerkleinert

300 g Brot vom Vortag (oder älter), vorzugsweise ungesalzen, in Stücke zerkleinert

Bohnen abtropfen lassen und in einem Kochtopf mit 2 l Wasser, 2 EL Olivenöl, Knoblauch und Pfefferkörnern zugedeckt auf kleiner Flamme erhitzen, bis die Haut zart und die Bohnen weich sind, etwa 2 Stunden. Nach 3/4 der Garzeit salzen.

Mit einem Seihlöffel etwa die Hälfte der Bohnen herausschöpfen. Die restlichen Bohnen im Kochwasser mit einem Rührstab oder einem Küchenmixer pürieren.

4 EL Olivenöl in einem Kochtopf auf mittlerer Flamme erhitzen und die Zwiebeln weich und glasig braten. Karotten, Sellerie, Kartoffeln und Blattgemüse dazugeben. Einige Minuten umrühren, dann die Tomaten dazugeben. Zugedeckt auf kleiner Flamme 20 Minuten köcheln lassen.

Die pürierten Bohnen dazugeben und zugedeckt etwa 1 Stunde köcheln lassen, bis das Gemüse sehr weich ist. Salzen und pfeffern.

Das Brot und die beiseitegestellten Bohnen in die eingedickte Suppe geben. Köcheln lassen, bis das Brot weich wird. Abkühlen lassen, dann über Nacht in den Kühlschrank stellen.

Den Ofen auf 180 °C (Gas Stufe 4) vorheizen. Die Ribollita in einer Kasserole unter gelegentlichem Umrühren etwa 45 Minuten backen. In den letzten 15 Minuten nicht mehr umrühren, damit sich eine leichte Kruste bilden kann. In Schüsseln verteilen und mit Olivenöl begießen.

CINGHIALE IN DOLCE E FORTE
SÜSSSAURES WILDSCHWEIN

FÜR 6 BIS 8 PERSONEN

Für das Wildschwein

1,5 kg Wildschweinfleisch, in Stücke zerkleinert

750 ml Rotwein

200 ml Rotweinessig

Meersalz und frisch gemahlener schwarzer Pfeffer

6 EL Olivenöl

1 gelbe Zwiebel, fein zerkleinert

1 Karotte, fein zerkleinert

1 Selleriestange, fein zerkleinert

2 Lorbeerblätter

1 EL Mehl

500 ml Rinder- oder Hühnerbrühe, etwas mehr als benötigt wird

Für die Soße

2 EL Rosinen

100 g dunkle Schokolade, zerkleinert

15 g gesalzene Butter

1 EL Zucker

2 EL Pinienkerne

2 EL kandierte Zitrone, zerkleinert

2 Gewürznelken

1 Prise frisch gemahlener Muskat

125 ml Rotweinessig

Am Vortag das Fleisch gut abwaschen, dann in eine Schüssel mit 500 ml Rotwein und dem Weinessig legen. Zudecken und im Kühlschrank über Nacht marinieren.

Am folgenden Tag das marinierte Fleisch abtropfen lassen und mit Salz bestreuen. 1 EL Olivenöl in einer großen Bratpfanne erhitzen, das Fleisch dazugeben und gerade so lange anbraten, bis sein Saft austritt, etwa 5 Minuten. Das Fleisch mit einem Schaumlöffel aus der Pfanne nehmen und beiseitestellen. Die Flüssigkeit wegschütten.

Die restlichen 5 EL Olivenöl in der Bratpfanne erhitzen und Zwiebel, Karotte, Sellerie und Lorbeerblätter dazugeben. Unter ständigem Rühren vorsichtig erhitzen, bis das Gemüse weich, aber nicht braun geworden ist. Das Fleisch wieder in die Pfanne geben, die Hitzezufuhr erhöhen und auf allen Seiten anbraten.

Pfeffern, dann das Mehl darüberstreuen und gut umrühren, damit sich alles vermischt. Die restlichen 250 ml Wein über das Fleisch schütten, die Hitzezufuhr verringern und köcheln lassen, bis die meiste Flüssigkeit verdampft ist.

Brühe köcheln lassen und über das Fleisch schütten. Auf sanfter Flamme ohne Deckel garen, bis das Fleisch weich geworden ist, etwa 2 1/2 Stunden, wenn es zu trocken wird, etwas Brühe hinzugeben.

Während das Fleisch gart, die Soße zubereiten. Die Rosinen in warmem Wasser einweichen und zehn Minuten lang zudecken, dann das Wasser abschütten. Schokolade und Butter in einer hitzebeständigen Schüssel über einem Topf mit heißem Wasser zerlassen. Zucker, Rosinen, Pinienkerne, Zitrone, Gewürze und Weinessig hineinrühren. Von der Flamme nehmen und beiseitestellen, bis das Fleisch fertig ist.

Soße über das Fleisch im Topf schütten, auf mittlere Flamme hochdrehen und einige Minuten lang rühren, um das Wildschwein mit der Soße zu bedecken, falls nötig, etwas Brühe dazugeben. Die Nelken entfernen und servieren.

PAPPARDELLE SULLA LEPRE

PAPPARDELLE MIT HASE

FÜR 8 PERSONEN

Für die Soße

1 Hase, etwa 1,5 kg, mit Lunge, Herz und Leber
120 ml Weißweinessig
5 EL Olivenöl
1 rote Zwiebel, fein zerkleinert
1 Karotte, fein zerkleinert
1 Selleriestange, fein zerkleinert
1 Rosmarinzweig, nur Blätter, fein zerkleinert
5 Salbeiblätter, fein zerkleinert
2 Lorbeerblätter
Meersalz und frisch gemahlener schwarzer Pfeffer
120 ml trockener Weißwein
400 g Eiertomaten aus der Dose
200 g eingelegte schwarze Oliven, entkernt

Für die Pappardelle

800 g Pastamehl der Sorte 00
1 großzügige Prise Salz
8 große Eier
4 EL Olivenöl

Zum Servieren

Frisch geriebener Parmesan

Den Hasen in große Stücke schneiden, waschen (mit den Innereien) und in kaltem Wasser mit dem Weißweinessig 1 Stunde lang einweichen. Abspülen und trocken tupfen.

Das Olivenöl in einer großen, hitzebeständigen Kasserole auf kleiner Flamme erhitzen. Zwiebel, Karotte, Sellerie und Kräuter dazugeben, gelegentlich umrühren und etwa 20 Minuten kochen. Das Fleisch dazugeben, die Hitzezufuhr erhöhen und an allen Seiten anbraten. Salzen und pfeffern.

Wein dazugießen, die Hitzezufuhr verringern und köcheln lassen, bis der Alkohol verflogen ist. Tomaten, Oliven und 200 ml Wasser dazugeben. Auf kleiner Flamme 1 Stunde kochen, regelmäßig umrühren. Abkühlen lassen.

Nach dem Abkühlen die Knochen vom Fleisch entfernen, zerkleinern und in den Topf zurückgeben.

Für den Nudelteig auf der Arbeitsfläche das Mehl zu einem Berg auftürmen. Eine Mulde in die Mitte drücken und salzen. Die Eier hineinschlagen, das Olivenöl dazugeben und vorsichtig mit einer Gabel schlagen. Die Eimasse mit der Hand umrühren, dabei das Mehl von den Rändern her hineinziehen, bis sich eine grobe Masse bildet. Zu einem Ball formen und auf das restliche lose Mehl legen.

Die Arbeitsfläche reinigen. Mit beiden Händen gerade so viel des restlichen Mehls verarbeiten, dass der Teig klebrig und nicht trocken ist. Die Arbeitsfläche noch einmal säubern und den Teig durchkneten, bis er weich und elastisch ist. Falls der Teig zu klebrig wird, etwas Mehl dazugeben.

Wenn der Teig von Hand gerollt wird, in Frischhaltefolie einwickeln und 20 Minuten bis 3 Stunden ruhen lassen. Den Teig in 2 oder 3 Stücke teilen und die Arbeitsfläche sowie das Nudelholz mit Mehl bestäuben. Einen Teil des Teiges auf die Arbeitsfläche legen und ausrollen, regelmäßig drehen, damit der Teig gleichmäßig flach wird. Den Teig gelegentlich umdrehen und mit Mehl bestäuben, damit er nicht klebt. Wenn der Teig dünn, aber nicht durchsichtig ist, ein Teigrad mit geradem Schneideblatt nehmen und den Teig in 15 mm breite Streifen teilen.

Zum Ausrollen des Teiges mit der Maschine beachten Sie die Hinweise des Herstellers, mit der größten Einstellung beginnen, den Teig mehrmals durchdrücken und dabei allmählich die Abstände so weit verringern, dass die Walzen auf der vorletzten Stufe eingestellt sind. Jeden Teigstreifen in 15 mm breite Streifen schneiden.

Die Pappardelle in reichlich Salzwasser 2 bis 3 Minuten kochen. Abschütten, unter die Hasensoße mischen und in warme Schüsseln füllen. Mit geriebenem Parmesan servieren.

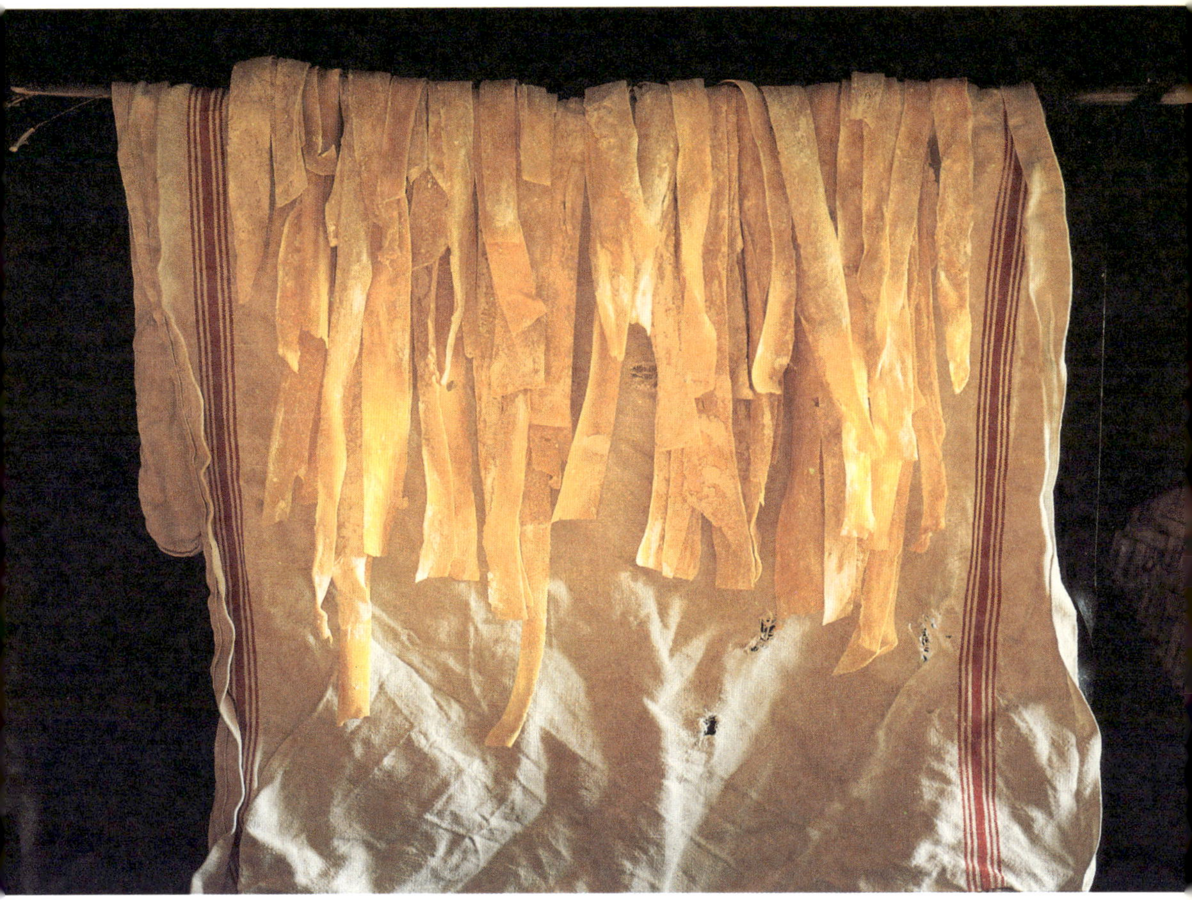

Luciano Casini

Chef & Inhaber: Il Chiasso

Meine Freundin Peggy Markel ist Kochlehrerin und leitet gastronomische Entdeckungstouren durch die Toskana, Sizilien und Marokko. Sie erzählte mir, wie sie Luciano Casini zum ersten Mal begegnete. Sie hatte gehört, dass sein Restaurant il Chiasso fantastisch sei und vereinbarte ein Treffen. »Als ich ihn um eine Wegbeschreibung bat, sagte er »Peh-ghie … wenn du nach Capoliveri kommst, geh die Stufen zum Dorfplatz hoch und rufe meinen Namen.« In der Abenddämmerung stapfte ich die Treppe zum Dorf hoch. Niemand war da, also rief ich »Luciano!« Zuerst leise, dann ein wenig lauter. »LUCIANO!!« Plötzlich erschien ein Gesicht mit Brille an einem Fenster und eine schelmische Stimme brüllte: *»O-o-o-h! Sono io Luciano*!«

Luciano Casini hat eine beeindruckende Persönlichkeit, die alles in seiner Nähe in den Bann zieht: zu groß, um hinter einen Büroschreibtisch zu passen. Zu respektlos für so etwas wie die Politik. Vielleicht auch zu stark für die Ehe. Perfekt für die Schauspielerei (die er im Nebenberuf ausgeübt hat). Noch besser geeignet für den Herrscher eines kleinen Königreiches, denn so leitet er il Chiasso. Das Restaurant liegt inmitten schmaler Gassen, die auf der Insel Elba vom Dorfplatz in Capoliveri abzweigen, es ist benannt nach der kleinen Straße, die die Gasse in der Mitte kreuzt.

* * *

Erst nachdem ich eine Weile in der Toskana verbracht hatte, wurde mir bewusst, dass zu ihr eine mediterrane Inselgruppe gehört, bestehend aus Elba (Italiens drittgrößter Insel nach Sizilien und Sardinien), Giglio und den winzigen Inseln Giannutri, Montecristo, Capraia, Gorgona und Pianosa. Reiseführer erwähnen Elba, das vor allem als Napoleons Exil bekannt ist. In Wahrheit lebte er weniger als ein Jahr hier, und sein kurzer Aufenthalt wird lediglich als Touristenattraktion ausgeschlachtet. Toskaner vom Festland verehren Elba – trotz der Tatsache, dass es während des ganzen Sommers von Urlaubern belagert ist. Aber welche europäische Küste ist das nicht?

Die Stadt Capoliveri liegt lang gestreckt auf einer Bergspitze, mit einem Ausblick auf die herrlichsten Küstenabschnitte der Insel. In früheren Zeiten (als die Menschen eher damit beschäftigt waren, sich gegen plündernde Angreifer zu verteidigen, als sich zu sonnen), waren die Bergdörfer wohl die sichersten Orte zum Siedeln und für den Bau von Kirchen, Wachttürmen und luftigen *piazze*, beschattet von imposanten Laubbäumen. Capoliveri ist ein solcher Ort.

Lachen ist gesund!
Willy Millowitsch

Luciano hat das il Chiasso vor 35 Jahren eröffnet, nachdem er fast zehn Jahre in Deutschland gelebt hatte. »Als ich 17 war, bin ich nach München gegangen, um dort nach Arbeit zu suchen. Ich machte eine Elektrikerlehre, wollte aber eigentlich nicht zu den Menschen gehören, die jeden Morgen um sieben Uhr aufstehen und zur Arbeit gehen müssen. Morgens war ich schon immer faul. *Mi piace la notte. Amo le persone della notte.* Ich liebe die Nacht«, sagt er. »Ich liebe Nachtmenschen.« Seine Augen funkeln wie die eines Schurken, und mich überkommt das Gefühl, dass er drauf und dran ist, mir den wahren Grund zu verraten, warum er das Leben als Gastronom gewählt hat. »Ein persischer Freund verschaffte mir eine Stelle als Kellner. Ich war von der Kundschaft fasziniert. Und weißt du was? Wenn du von ihnen fasziniert bist, sind sie auch von dir fasziniert. *È bellissimo.*«

Unsere Unterhaltung stockt und Luciano stellt fest: »Ich liebe mich selbst so sehr.« Noch eine Pause. »Das ist kein Egoismus … kein Narzissmus«, fügt er hinzu. »Du musst dich in diesem Leben selbst lieben oder du verlierst dich, gerätst aus dem Gleichgewicht.« Luciano philosophiert gerne … das ist der Schauspieler in ihm. »Geld ist

nicht alles. Sicher, damit kannst du ein wenig besser leben, aber was zählt, ist der Kontakt zu Menschen. Lachen, Spaß, das Leben genießen.« Bei jedem anderen mag das übertrieben klingen, aber Luciano ist der lebende Beweis dafür. Man erkennt es daran, wie er und seine Mitarbeiter sich wie eine Familie bei einem Essen um den Tisch versammeln, und man kann es in der Beziehung zu seinen Kunden spüren.

Eigentlich mag er das Wort Kunde nicht. »Ein ›Kunde‹ ist etwas Flüchtiges. Auch wenn man nur einmal hierher kommt, ist man ein Gast. Vielleicht werden wir Freunde, vielleicht nicht. Darum geht es nicht.« Er steckt sich eine Zigarette an, greift an den Tisch hinter uns (wo einige seiner deutschen Freunde ihr Abendessen genießen) und schenkt sich ein Glas Wein ein. Luciano ist das Urbild des Gebens und Nehmens: Es kommt vor, dass er einem eine Flasche Wein schenkt, ebenso kommt es aber vor, dass er an einem Glas Wein nippt, dessen Flasche man selbst bezahlt hat.

* * *

Das Essen im il Chiasso schmeckt hervorragend, obwohl die Liebe zum Essen hier nicht die treibende Kraft ist. Heute bekommen wir unglaublich kleine *totanini* (Tintenfische) und in Mehl panierten und gebratenen Blaubarsch; selbst gepökelte *ventresca* (Thunfischfilet) und weiße Bohnen; Spaghetti mit Knoblauch, Tomaten, wildem Fenchel und *boga* (heimischer Fisch) sowie *fave con l'uovo,* einen traditionellen Eintopf aus Saubohnen, Artischocken und Erbsen, der nicht so gut aussieht, aber sehr gut schmeckt und nahrhaft ist.

Polpo (Oktopus) in verschiedenen Formen ist ein fester Bestandteil der Karte des Restaurants: *polpo con patate* (Oktopuseintopf mit Tomaten und Rosmarin), *zupa di polpo* (Oktopussuppe), *carpaccio di polpo* (hauchdünne gekühlte Scheiben von geschmortem Oktopus). »*Polpo* war auf Elba früher einmal das *cibo dei poveri* (Armeleuteessen)«, erklärt mir Luciano. »Er wurde von Fischern auf der Straße verkauft – dann mit nach Hause genommen und zubereitet oder an Ort und Stelle als Nachmittagsimbiss verzehrt. Die *polpaio* stellten einen Tisch auf, in dessen Mitte sich ein Loch befand. Darunter befand sich ein riesiger Topf mit gekochtem Oktopus. In einem Konservenglas standen Gabeln. Man bat um eine *granfia di polpo* und der *polpaio* fischte mit einem Spieß einen Oktopus aus dem Topf, schnitt einen Greifarm ab und überreichte ihn mit einer Gabel. Es gab immer auch eine Bar in der Nähe. *Polpo* wurde mit einem Glas Wein genossen. Wer sich das nicht leisten konnte, bekam vom *polpai* ein Glas von dem Wasser, in dem der Oktopus zubereitet wurde.«

Es ist Samstagabend und zu dieser Stunde ist jeder Tisch im Restaurant besetzt; einige Pechvögel müssen abgewiesen werden. In der Küche geht es hektisch zu; Kellner schwirren herum und balancieren Teller, auf denen sich die Gaben des Meeres türmen; in der Luft liegt das Summen dutzender Unterhaltungen. »Weißt du, ich liebe Nahrungsmittel«, sagt Luciano und beobachtet die Szene. »Und wenn man an meinem Tisch speist, liegt mir viel daran, dass man gut isst. Aber das allein reicht nicht. Es sollte da eine Verbindung geben, eine Art Austausch, etwas, das den Gast und mich berührt, damit die Zeit hier zu einem Erlebnis wird, an das wir uns beide erinnern, und nicht einfach nur ein Essen.«

FAVE, CARCIOFI, PISELLI E POMODORINI ALL' UOVO
SAUBOHNEN, ARTISCHOCKEN, ERBSEN & TOMATEN MIT EI

FÜR 4 BIS 6 PERSONEN

1 kg Saubohnen in der Schote

1 kg Erbsen in der Schote

6 kleine Artischocken, gesäubert, sodass nur die genießbaren Herzen und Blätter übrig bleiben (siehe Seite 120)

Saft einer Zitrone

4 EL Olivenöl

1 weiße Zwiebel, fein geschnitten

12 Cherrytomaten, halbiert

Meersalz und frisch gemahlener schwarzer Pfeffer

6 große Eier

Bohnen und Erbsen pellen und beiseitestellen.

Artischocken in Scheiben schneiden und in einer Schüssel mit kaltem Wasser und dem Zitronensaft einweichen.

In einer mittelgroßen Bratpfanne das Olivenöl auf kleiner Flamme erhitzen. Die Zwiebel dazugeben und braten, bis sie weich und glasig ist.

Die Artischocken abtropfen lassen und mit den Tomaten, den Saubohnen und den Erbsen in einen Topf geben. Mit Salz und Pfeffer abschmecken, gelegentlich umrühren, bis das Gemüse weich ist. Falls es zu trocken wird, etwas Wasser zugeben.

6 Hohlräume in das Gemüse bohren und jeweils ein Ei hineinschlagen. Den Topf zudecken und weiterkochen, bis die Eiweiß fest, die Eigelb aber noch weich sind. Sofort servieren.

TOTANI FRITTI
FRITTIERTER TINTENFISCH

FÜR 4 PERSONEN

800 g kleine bis mittelgroße Tintenfische, gesäubert

150 g Mehl

Meersalz und frisch gemahlener schwarzer Pfeffer

750 ml Sonnenblumen- oder Traubenkernöl zum Frittieren

2 Zitronen, in Keile geschnitten

Beutel der Tintenfische in 2 cm große Ringe schneiden. Tentakel ganz lassen. Zum Mehl Salz und Pfeffer dazugeben. Tintenfisch im Mehl wälzen, jedes einzelne Teil leicht schütteln, damit das überflüssige Mehl abfällt.

Öl zum Frittieren in einem Topf mit schwerem Boden erhitzen, bis das Öl heiß ist, aber noch nicht raucht. Temperatur überprüfen, indem Sie ein Stück Tintenfisch hineinwerfen: Der Tintenfisch sollte brutzeln, sobald er mit dem Öl in Kontakt kommt.

Tintenfisch in kleinen Mengen frittieren, bis er eine hellbraune Farbe angenommen hat. Je nach Größe ca. 3 bis 4 Minuten. Mit einem Schöpflöffel herausnehmen und vorsichtig zwischen 2 Lagen Küchenpapier abtrocknen.

Tintenfisch mit Salz bestreuen. Sofort mit Zitronenschnitzen servieren.

POLPO CON LE PATATE
OKTOPUS MIT KARTOFFELN

FÜR 4 PERSONEN

1 kg Oktopus, gesäubert

1 gelbe Zwiebel, halbiert und in sehr dünne Scheiben geschnitten

2 reife Tomaten, geschält, geschnitten und entkernt

1 Rosmarinzweig (nur die Blätter), fein geschnitten

1 getrocknete Chili, in Stücke zerrieben

1 großzügiger Spritzer Olivenöl

1 kg Tomaten, geschält und gewürfelt

Oktopus in mundgerechte Teile schneiden und bei sehr niedriger Flamme in einen Topf mit schwerem Boden geben. Zudecken und die Flüssigkeit aus dem Oktopus austreten lassen, Topf nach 10 bis 12 Minuten von der Flamme nehmen. Oktopus abtropfen lassen, die Flüssigkeit behalten und beiseitestellen.

Zwiebel, Tomaten, Rosmarin und Chili in einen separaten Topf mit einem Spritzer Olivenöl geben. Auf kleiner Flamme kochen, bis die Zwiebel weich geworden ist und die Tomaten zu einer Soße eingedickt sind.

Oktopus in die Soße geben. Zudecken und auf kleiner Flamme etwa 20 Minuten lang erhitzen. Kochen, bis die Kartoffeln gar und der Oktopus zart sind, etwa 30 Minuten. Wenn die Zutaten austrocknen, etwas von der beiseitegestellten Flüssigkeit dazugeben. Dieses Gericht muss nicht gesalzen werden.

SPAGHETTI AL CHIASSO
LUCIANOS SPAGHETTI

FÜR 4 PERSONEN

400 g frischer Meeresfisch jeglicher Art, filetiert

Meersalz und frisch gemahlener schwarzer Pfeffer

400 g getrocknete Spaghetti

3 EL Olivenöl

1 Knoblauchzehe, zerrieben

1 großzügige Handvoll Cherrytomaten, halbiert

einige Fenchelsamen, zerrieben

Fisch in mundgerechte Stücke schneiden, die Haut wegwerfen, beiseitestellen.

Einen großen Topf Salzwasser aufkochen. Die Spaghetti dazugeben.

In der Zwischenzeit das Olivenöl in einem großen Topf auf mittlerer Flamme erhitzen. Wenn der Knoblauch goldbraun ist, den Fisch und den gemahlenen Pfeffer dazugeben. Etwa 2 Minuten sautieren, dann die Tomaten, das Fenchelgrün und eine Schöpfkelle voll Nudelwasser dazugeben.

Nachdem die Nudeln 5 Minuten gekocht haben, abschütten (eine Schöpfkelle vom Wasser beiseitestellen) und in die Soße schütten. Gut umrühren und die Spaghetti weiterkochen, bis sie al dente sind. Sollte die Soße zu dick werden, etwas Wasser dazugeben. Sofort servieren.

Famiglia Frullani

Kastanienbauern

»Für die meisten Toskaner sind Kastanien nur eine herbstliche Gaumenfreude«, sagt Licia Frullani, während sie die Route vom *agriturismo* der Familie zu ihrer einige Kilometer entfernt gelegenen *metato* (Hütte zum Trocknen der Kastanien) auf einen Zettel kritzelt. »Hier oben in den Bergen der Apeninnen wird die Kastanie *l'albero del pane* (Brotbaum) genannt«, erklärt sie. »In Notzeiten hat er ganze Familien am Leben erhalten.« Das Holz verwendete man zum Heizen und für Möbel. Die Kastanien wurden frisch gegessen – entweder mit Lorbeerblättern und Fenchelsamen gekocht oder über der Glut eines Kastanienholzfeuers geröstet. Der größte Teil aber wurde zur *metato* gebracht und getrocknet, dann zu etwas zermahlen, das Licia Farina *dolce* nennt. Süßes Mehl. Daraus machte man *castagnaccio* (einen festen Fladenkuchen), *necci* (Crêpes aus Kastanienmehl) und *polenta*. »Wir haben die Polenta auf ein Holzbrett geschüttet, sie mit einem Weidenzweig geteilt und mit etwas *ricotta* gegessen. Sie war süß, aber nicht wie Pudding.«

* * *

Die Kastaniensaison beginnt im Oktober. »Man kann sie nicht vom Baum ernten«, erklärt Licias Gatte Pietro. »Man muss warten, bis sie von selbst abfallen.« Damals, als in dem abgelegenen Bergdorf der Ertrag der Kastanienernte überlebensnotwendig war, sammelte jeder – auch alte Leute und Kinder – die Früchte per Hand. »Wir gingen mit Deckelkörben oder Schürzen herum. Die Ernte war sehr wichtig – wir konnten nicht zulassen, dass auch nur eine einzige Kastanie verloren ging.« In seiner Stimme liegt keine Spur von Wehmut. Das Kastaniensammeln war eine Knochenarbeit, die sich von der Morgen- bis zur Abenddämmerung erstreckte. Die meisten *castagne* lagen unter herabgefallenen Blättern versteckt oder mussten noch aus ihren stacheligen Hüllen befreit werden, die den Leuten die Hände verletzten. Heutzutage saugt die Familie die Ernte mit einem sperrigen, neumodischen Gerät auf, das die glänzenden braunen Früchte aufliest, aber Blätter und Hüllen wieder ausspuckt.

Der *metato* der Familie liegt am Abhang eines 2,5 Hektar großen Kastanienwaldes. Ende Oktober wirkt der Ort wie ein Märchenwald: die Bäume kahl; die Luft grau und neblig; der Boden ein Teppich aus dunkelbraunen Blättern und moosüberzogenen Steinen; die Stille nur durchbrochen vom Zwitschern eines Singvogels und dem Gurgeln von Wasser, das in der Ferne über Felsen strömt.

Die Trockenhütte ist durch einen Lattenrostboden in zwei Ebenen unterteilt. Am Boden schwelt ein Feuer; darüber sind die Kastanien zum Trocknen ausgebreitet. Über ein halbes Jahrhundert lang hat Pietros inzwischen 94-jähriger Vater Giuseppe das Feuer in der *metato* gehütet. Als die Arbeit, die 40 Tage dauert, im Morgengrauen beginnt und um Mitternacht endet, zu anstrengend für ihn wurde, bot sein 77-jähriger Cousin Eligio seine Hilfe an. Das Feuer wurde am 20. Oktober angezündet. Eligio schürt es viermal täglich, dann begräbt er seine Arbeit unter Schaufelladungen von Asche, damit die Flammen eingedämmt sind, die Wärmezufuhr aber aufrechterhalten wird.

An diesem Morgen besteht die Aufgabe darin, die Kastanien zu wenden, damit sie gleichmäßig trocknen. Pietro und sein Sohn Leonardo greifen sich zwei Schaufeln und klettern in den verräucherten *seccatoio* (Trockenraum). Sie arbeiten gleichmäßig und schweigsam. Eligio beobachtet vom Rande des *seccatoio* alles. Er nimmt ein Messer aus seiner Tasche, durchtrennt eine der Schalen und wirft sich eine getrocknete Kastanie in den Mund. »*È come una caramella*«, sagt er, schneidet eine weitere Frucht auf, damit ich es ihm gleichtun kann. Sie ist so hart wie ein Stein und schmeckt auch so. Ich halte durch; es dauert lange, bis die Kastanie schließlich nachgibt und ihre karamellartige Süße freigibt.

Die *battitura* – das Dreschen der Kastanien – wird, wenn das Wetter trocken bleibt, in zwei Wochen stattfinden. An dieser staubigen Arbeit nehmen alle teil. Dabei werden die *castagne* in eine uralte Maschine geschüttet, die die Hüllen und Schalen entfernt und darüber hinaus die blassen, runzligen Kastanien aussortiert. Die übrig gebliebene Masse wird den Hügel hinauf zur selbst gebauten Holzmühle des Nachbarn Daniele Petrucci gekarrt und zu weichem, süßem Mehl verarbeitet.

»In diesen Bergen gab es einmal überall *metati*«, erinnert sich Eligio. »Nur noch unsere ist in Betrieb.« Ein *corbello* (Wiegekorb) hängt unter einer überdachten Veranda in der Nähe der Trockenhütte. Die Ernte – auch die der Frullanis und derjenigen Nachbarn, die ihre Kastanien hierher zum Trocknen bringen – wird in den *corbelli* gemessen. In diesem Jahr gingen 189 Körbe in die *metato*. »Das ist viel Arbeit«, sagt Pietro. »Wir machen es nicht des Geldes wegen. *Si fa per passione.*«

Pietro und Eligio schelten mich, als ich sie nach den großen technischen Trockenvorrichtungen frage, die in einigen Gebieten der Toskana den *metato* abgelöst haben. »Wenn die *castagne* maschinell getrocknet werden«, sagt Eligio, »haben sie nicht *il sapore dovuto* (den richtigen Geschmack).« Was ist der richtige Geschmack? »*Dolce*«, antworten sie einstimmig. »*Con un tocco di amaro.*« Süß – und ein bisschen bitter.

ARROSTITE UBRIACHE
BETRUNKENE RÖSTKASTANIEN

Die Schalen der Kastanien mit einem scharfen Messer einschneiden. Kastanien in einer Pfanne mit löchrigem Boden auf mittelheißen Kohlen rösten, regelmäßig wenden, damit sie gleichmäßig gar werden. Wenn die Schalen dunkel und brüchig und die Kastanien so weich sind, dass man hineinbeißen kann (probieren Sie eine), diese in eine flache Schüssel schütten. Großzügig mit Wein begießen, mit einem Küchentuch zudecken und 10 Minuten lang stehen lassen. Kastanien wieder in die Pfanne geben, ein paar Minuten lang über der Kohle erhitzen, dann auf ein Küchentuch schütten. Schalen entfernen und guten Appetit.

POLENTA DI CASTAGNE CON RICOTTA
KASTANIENPOLENTA MIT RICOTTA

FÜR 4 PERSONEN

Meersalz
400 g Kastanienmehl
Olivenöl zum Bestreichen
500 g Ricotta (Schafskäse)

1 l Wasser in einem Topf mit schwerem Boden köcheln lassen. Eine Prise Salz dazugeben. Wenn das Wasser kocht, das Kastanienmehl langsam und gleichmäßig hineinschütten. Ständig mit einem Schneebesen rühren, damit sich keine Klumpen bilden.

Wenn die Masse nach einigen Minuten eindickt, die Hitze reduzieren, mit einem Holzlöffel rühren, bis die Polenta die Beschaffenheit eines festen Breis hat, etwa 15 Minuten.

Die Polenta auf ein eingeöltes Holzbrett gießen. Ein paar Minuten lang warten, bis sich alles gesetzt hat, dann mit einem dicken Faden, den Sie zwischen den Fingern spannen, in dicke Scheiben aufteilen.

Ein paar Polentascheiben und einen großzügigen Löffel Ricotta auf jeden Servierteller geben.

CASTAGNACCIO
KASTANIENKUCHEN

FÜR 6 BIS 8 PERSONEN

500 g Kastanienmehl
Meersalz
geriebene Schale und Saft 1 Orange
4 EL Olivenöl, etwas mehr zum Einreiben und Beträufeln
3 Rosmarinzweige (nur die Blätter)
75 g Pinienkerne
75 g geschälte Walnüsse, zerkleinert

Den Ofen auf 200 °C (Gas Stufe 6) vorheizen. Eine Backform (23 x 33 cm) einfetten.

Kastanienmehl in eine Schüssel geben und eine Prise Salz dazustreuen. Langsam 650 ml Wasser hineinschütten, ständig mit einem hölzernen Löffel rühren, bis ein glatter, weicher Teig entstanden ist. Orangenschale und Saft darunterrühren, dann das Olivenöl hinzufügen.

Die Teigmasse in die gefettete Form schütten, Rosmarin und Pinienkerne gleichmäßig auf der Oberfläche verteilen. Großzügig mit Olivenöl beträufeln und etwa 40 Minuten lang backen, bis die Kruste braun (aber nicht verbrannt) ist und ein hineingesteckter Spieß sauber wieder herauskommt. Auf ein Gitter legen und abkühlen lassen.

Fabrizio Tiribilli

Töpfer

Ich habe die Arbeiten von Fabrizio Tiribilli erstmals in einem Leinengeschäft in Florenz gesehen. Ich suchte Requisiten für ein Kochbuch und hatte den ganzen Tag in Läden gestöbert, die traditionelle Töpferware mit Zinnglasur anboten. Das hört sich nach einem Vergnügen an, aber mein Blick wurde langsam glasig. Und überhaupt, ich wollte doch nur etwas, das schön und handgearbeitet war, aber nicht mit den Speisen, die ich darauflegen würde, konkurrieren würde. So hübsch sie auch in den Auslagen aussahen, ich wollte keine überreifen Granatäpfel, die über die Ränder einer Suppenschüssel quellen, und auch keine Drachen, die Feuer auf meine *bistecca* spien.

Und dann stand in diesem kleinen Laden ein schlichter Holztisch, gedeckt mit Stoffservietten und diesen absolut einfachen, glasierten Tellern und Schüsseln aus Terrakotta. Sie waren offensichtlich handgemacht – aber nicht etwa laienhaft –, weil sie sich leicht voneinander unterschieden, wie die meisten Erzeugnisse, die nicht maschinell erzeugt werden. Obwohl sie überhaupt nicht verziert waren, besaßen sie Tiefe und Wärme. Sie waren perfekt.

»E questi?«, fragte ich die Verkäuferin. »Ah. Das sind Arbeiten von Fabrizio Tiribilli. Sind sie nicht schön? Er ist ein wunderbarer Mann.« Es gab nur ein Problem. Sie hatte seine Sachen nicht auf Lager, weil er keine großen Mengen und vieles nur auf Bestellung anfertigte. »Rufen Sie ihn an und fragen Sie ihn, was er tun kann.« Ich notierte mir die Telefonnummer seines Ladens und die seines Ateliers, Radicchio Rosso, an der Westküste der Toskana in der Stadt Cecina. Normalerweise ist man leicht skeptisch, wenn eine wildfremde Person anruft und darum bittet, sich seine Arbeiten ausleihen zu dürfen. Meist fordert man ein wenig Geld oder zumindest eine Kaution. Berechtigterweise erwartet man, bei jeder Veröffentlichung genannt zu werden, in der die Arbeiten gezeigt werden. Aber Fabrizio Tiribilli wollte gar nichts. Er freute sich derart darüber, dass jemand seine Arbeiten verstand und schätzte, dass er mir – ohne mich je gesehen zu haben – etliche Kisten seiner Schätze zuschicken ließ.

Als ich einige Jahre danach mit der Arbeit für dieses Buch begann, erinnerte ich mich an Fabrizio. Ich wusste nicht viel über seine Arbeit und gar nichts über sein Leben, aber ich fühlte, dass es ein schönes Leben war. Ich wollte einfach glauben, dass jemand, der so großzügig ist, glücklich ist. Und so war es dann auch.

* * *

In dem Geschäft Radicchio Rosso ist die Persönlichkeit des Inhabers zu sehen: Es ist der erste mir bekannte Porzellanladen, an dessen Tür ein Schild mit der Einladung an Elefanten hängt, hereinzukommen und sich umzusehen. Das ist sein voller Ernst. In einer Ecke steht Fabrizios Schreibtisch aus Kindertagen, voller Malstifte, und auf dem Boden steht ein Eimer mit Bauklötzen. Klassische Musik tönt aus Lautsprechern; ein Tisch ist für eine imaginäre Gesellschaft gedeckt; auf einem Regal stehen Geschirrstapel in 20 unterschiedlichen Farben.

Eine Stimme ruft: »Lori, bist du das?« Es ist immer interessant, jemanden zu treffen, der einem das Gefühl gibt, dass man ihn schon kennt, obwohl man ihn noch nie gesehen hat. Fabrizio hat eine gestreifte Leinenschürze umgebunden und seine Hände sind voll von rotem Ton. Er hält mir zur Begrüßung einen Ellenbogen hin.

»Macht es dir etwas aus, wenn ich arbeite, während wir uns unterhalten?« Das Hinterzimmer mit Ziegelwand und mehreren Geräten, die typisch für sein Handwerk sind, ist sein Arbeitsplatz. Er nimmt ein Nudelholz und beginnt damit, einen Tonklumpen auszurollen, als ob es sich um Pizzateig handelte. Ich betrachte die Töpferscheibe hinter ihm. »Die Schüsseln werfe ich auf das Rad, aber einen *piatto* (Teller) rolle ich aus und gebe ihm in einer Form Gestalt.« »Wolltest du schon immer Töpfer werden?«, frage ich. Er lacht. »Nein, mit 20 wollte ich Mönch werden! Dann beschloss ich, Künstler zu werden. Als ich aber ernsthaft darüber nachdachte, wurde mir bewusst, dass ich nützliche Dinge machen wollte.«

Tatsache ist aber, dass Fabrizio wie ein Künstler klingt, wenn er über seine Arbeit redet – nicht absichtlich, sondern weil er sich so ausdrückt, als würde in seinen hand-

werklichen Ideen sehr viel Gefühl liegen. Er ist ein Mensch, der einen Satz mit den Worten, *»se devo dire la verità«* (um ehrlich zu sein) beginnt, und dann genau sagt, was er denkt. Irgendwie schafft er es, dass er freundlich klingt, obwohl er kein Blatt vor den Mund nimmt. Und so erfahre ich, warum seine Tonwaren absichtlich schlicht gehalten sind: »Einer meiner Lehrer sagte einmal, dass wir tun und lassen könnten, was wir wollten, solange er den Grund erkennen konnte, warum wir von der Tradition abwichen. Ich stimme dem zu. Du hast deine Wurzeln und entwickelst dich daraus.« Um sein Argument zu erläutern, durchsucht er seine Bücherregale, zieht einen dicken Band heraus und blättert ihn durch, bis er ein Bild von der Treppe in der von Michelangelo entworfenen Biblioteca Lorenziana in Florenz findet. »Siehst du, dass sie völlig von der Tradition abweicht? Der Treppenaufgang ist so gewaltig und der Eingang zur Bücherei so klein. Ich glaube, dass er das getan hat, um die Menschen daran zu erinnern, dass sie einen Ort der Bildung betreten.«

Fabrizios eigene Arbeiten sind beeinflusst von Mark Rothkos satten, leuchtenden Farben. »Ich liebe es, mit Farben zu arbeiten. In einem einzigen Ton liegt so viel Tiefe.« Seine Werkstatt ist voller Gefäße mit Pulvern und Pigmenten, jedes eine Geschichte für sich. Nichts ist, was es zu sein scheint. Eine Glasur sieht beim Auftragen blaugrau aus, nach dem Brennen ist sie aber pfauengrün. »Ich habe alle meine Glasuren durch Experimentieren, durch Versuch und Irrtum entwickelt. Sie sind mir aber immer noch ein Rätsel. Man hat etwas tausendmal gemacht, aber wenn man den Brennofen aufmacht, weiß man nie, was man vorfindet.«

* * *

Um 13.00 Uhr schließt er den Laden ab, und wir gehen zum Mittagessen hinüber zum Bauernhof La Mariola. Fabrizios Frau Enrica ist Agrarwissenschaftlerin. Sie hat ihren Job gekündigt, als sie eine Familie gründeten. Der Bauernhof ist Enricas Hobby – ein biologischer Aprikosengarten und ein *agriturismo* mit vier hellen Appartements und Blick über das Dorf Santa Luce in den Bergen nordöstlich von Cecina.

Der Ort Santa Luce (heiliges Licht) wirkt authentisch, weil er weder ein Reiseziel als solches ist, noch auf dem Weg dorthin liegt. Hier flattert Wäsche im Wind. Es gibt jede Menge *nonni* mit Enkeln im Schlepptau, eine Kirche, eine Post, einen

Lebensmittelladen und eine Bar, die manchmal auch als Trattoria dient. An Markttagen kommt Leben auf: Dienstags werden an ein paar Ständen Früchte, Gemüse, Käse, Pökelfleisch und Setzlinge für den Garten verkauft; mittwochs gibt es Unterhosen, Kleidung und billiges Kinderspielzeug.

Wir essen unter einer hölzernen Pergola: sommerliche Gemüsesuppe auf geröstetem und mit Knoblauch bestrichenem Brot; überbackene runde grüne Zucchini, gefüllt mit Hack und eine leckere Aprikosentorte, noch warm aus dem Ofen.

Nach dem Mittagessen machen wir einen Verdauungsspaziergang durch die Umgebung. Die an La Mariola vorbeiführende ungepflasterte Straße ist gesäumt von Geißblatt, Heideröschen, Knoblauch, Fenchel, Borretsch und Butterblumen – um nur einige der wild wachsenden Pflanzen zu nennen. Weizenfelder und Olivenhaine umgeben den *agriturismo* samt seiner 1500 Aprikosenbäume. Der Obstgarten wirkt verwildert, obwohl seine Bäume voller Früchte hängen. »Ich lasse sie wachsen, ohne einzugreifen«, erklärt Enrica. »Aprikosenbäume vertragen es nicht, beschnitten zu werden. Ich will sie nicht dazu zwingen, viele Früchte zu tragen, also gibt es nicht viel zu tun, außer die Bäume in Ruhe zu lassen.«

Wir pflücken eine Handvoll reifer Aprikosen und essen sie, während wir im hohen Gras stehen. Gekaufte Aprikosen verführen mit ihrer weichen Haut und der schüchternen Röte vielleicht zu der Annahme, dass sie gut schmecken würden, meist aber sind sie fade und mehlig. Bei diesen Aprikosen läuft uns der Saft am Kinn herunter und verklebt unsere Hände – sie schmecken wie süßer Nektar oder wie etwas, das die Götter für den perfekten Abschluss eines Sommertages erfunden haben.

ZUPPA DI VERDURE ESTIVE
SOMMERLICHE GEMÜSESUPPE

FÜR 6 PERSONEN

4 EL Olivenöl, zusätzlich etwas mehr zum Beträufeln

1 gelbe Zwiebel, geschnitten

1 Lauch, geschnitten

1 Karotte, geschnitten

1 Selleriestange, geschnitten

4 kleine neue Kartoffeln, geschält und in Stücke geschnitten

1 Handvoll grüne Bohnen, halbiert

2 Zucchini, durchgeschnitten

1 reife Tomate, geviertelt

Meersalz und frisch gemahlener schwarzer Pfeffer

100 g gekochte Cannellini oder andere weiße Bohnen

250 g Mangold, Rippen und Blätter grob zerkleinert

1/4 mittelgroßer Wirsing, grob zerkleinert

6 Scheiben Landbrot

2 Knoblauchzehen, geschält

Olivenöl in einem großen Kochtopf auf mittlerer Flamme erhitzen. Zwiebel, Lauch, Karotte und Sellerie dazugeben und 5 Minuten lang sautieren.

1,5 l Wasser dazugießen, gut umrühren. Kartoffeln, grüne Bohnen, Zucchini und Tomaten dazugeben und mit Salz und Pfeffer abschmecken. 20 Minuten offen köcheln lassen.

Weiße Bohnen, Mangold und Wirsingblätter dazugeben, leicht zugedeckt weitere 15 Minuten köcheln lassen. Eventuell nachwürzen.

Vor dem Servieren das Brot rösten und mit Knoblauch einreiben. Eine Scheibe Brot in jede vorgewärmte Schüssel legen und die Suppe darüberschöpfen. Mit Olivenöl beträufeln und servieren.

ZUCCHINE RIPIENE
GEFÜLLTE ZUCCHINI

FÜR 4 PERSONEN

8 mittelgroße, runde Zucchini

100 g Landbrot vom Vortag

250 ml Milch

4 EL Olivenöl

1 gelbe Zwiebel, fein geschnitten

1 Karotte, fein geschnitten

1 Selleriestange, fein geschnitten

1 Handvoll glatte Petersilie, fein geschnitten

300 g Rinderhack

Meersalz und frisch gemahlener schwarzer Pfeffer

1 Prise geriebener Muskat

2 große Eier, leicht geschlagen

4 EL frisch gemahlener Parmesan

4 EL Semmelbrösel

Die Zucchini in einem Topf mit kochendem Wasser 3 Minuten vorkochen, dann abschütten. Nach dem Abkühlen die Stielenden abschneiden, die später als Deckel verwendet werden. Mit einem Teelöffel vorsichtig das Fruchtfleisch aus jeder Zucchini entfernen. Einen Rand von ca. 2 cm stehen lassen. Das Fruchtfleisch fein schneiden und beiseitestellen (den Rest für ein anderes Gericht verwenden).

Den Ofen auf 180 °C (Gas Stufe 4) vorheizen. Brot in Stücke brechen, in eine Schüssel legen und 10 Minuten in der Milch einweichen lassen.

Das Öl in einem Kochtopf erwärmen. Zwiebel, Karotte, Sellerie und Petersilie dazugeben und kochen, bis das Gemüse weich, aber nicht braun ist. Hack dazugeben, mit Salz, Pfeffer und Muskat abschmecken und kochen lassen, bis es leicht braun geworden ist und alle Flüssigkeit aufgenommen wurde. Von der Flamme nehmen.

Das Brot ausdrücken, um überschüssige Flüssigkeit zu entfernen und in eine Schüssel zum Mischen geben. Das Fleisch und das restliche Fruchtfleisch der Zucchini dazugeben, gut mischen. Die geschlagenen Eier hineinschütten, den Parmesan dazugeben und alles gut mischen.

Die Masse in die ausgehöhlten Zucchini geben, mit Semmelbröseln bestreuen und die »Deckel« darauf setzen. Die gefüllten Zucchini in eine Bratpfanne setzen und 40 Minuten lang braten.

TORTA DI ALBICOCCHE
UMGEDREHTER APRIKOSENKUCHEN

FÜR 8 PERSONEN

Für den Karamell

25 g ungesalzene Butter, zusätzlich etwas zum Einfetten der Form

100 g Streuzucker

Für den Kuchen

10 Aprikosen

3 große Eier, getrennt

180 g Streuzucker

120 ml Olivenöl

120 ml Naturjoghurt

2 EL Aprikosenmarmelade

180 g Mehl

1 TL Backpulver

1 Prise Natron

1 Prise Salz

Den Ofen auf 180 °C (Gas Stufe 4) vorheizen. Eine Backform (25 cm Durchmesser) einfetten.

Für den Karamell Butter und Zucker in einem Topf mit schwerem Boden auf kleiner Flamme einschmelzen. Weiterkochen, bis der Karamell eine warme Bernsteinfarbe hat. Vorsichtig in die Kuchenform gießen, die Form hin und her schwenken, damit er sich gleichmäßig verteilt.

Die Aprikosen vierteln und entsteinen. Die Aprikosen mit der Haut nach oben in die Kuchenform legen.

Die Eigelb und die Hälfte des Zuckers in einer Schüssel cremig schlagen. Das Olivenöl langsam in die Schüssel gießen. Vorsichtig den Joghurt und die Aprikosenmarmelade dazugeben.

Das Mehl, das Backpulver, das Natron und das Salz in die Kuchenmischung sieben. In einer anderen Schüssel die Eiweiß steif schlagen und den restlichen Zucker dazugeben. Vorsichtig unter die Kuchenmasse ziehen.

Die Mischung über die Aprikosen in der Form gießen und 45 Minuten lang backen, bis ein hineingesteckter Spieß sauber wieder herauskommt.

Ein paar Minuten in der Form lassen, dann mit einem Messer um den Rand des Kuchens fahren, ihn auf einem Drahtgestell umdrehen und abkühlen lassen. Zum Servieren auf einen Teller legen.

MARMELLATA DI ALBICOCCHE
APRIKOSENMARMELADE

1 kg frische Aprikosen waschen, entkernen und sie zusammen mit 600 g Zucker in einen Topf geben. Mit einem Holzlöffel die Aprikosen zerdrücken und 30 Minuten mit dem Zucker im Topf stehen lassen. Den Topf auf die Herdplatte stellen, diese auf kleine Flamme einstellen und köcheln lassen, bis die Masse die Konsistenz einer flüssigen Marmelade hat, etwa 10 Minuten. In sterilisierte Gläser schütten und verschließen. Im Kühlschrank aufbewahren und wie eine frische Konfitüre verwenden. Ergibt etwa 1 kg.

Pietro Staderini

Röstmeister

»Le faccio un caffè?«, fragt mich der 70-jährige Pietro Staderini anstatt einer Begrüßung und hebt die Stimme, damit man ihn über dem Zischen der Röstmaschinen hören kann, die 60 Kilogramm Kaffeebohnen der Sorte Arabica erhitzen und umwälzen, bis die Farbe von einem sanften Grün zum satten Braun einer Mönchsrobe wechselt. »Soll ich Ihnen einen Kaffee machen?« Staderini hat diese Frage fast sein ganzes Leben lang gestellt – zunächst als unerfahrener 20-Jähriger, der eine Stelle in einer der bekanntesten Bars von Florenz ergattert hatte, dann als Inhaber der *torrefazione* (private Kaffeerösterei) Piansa sowie der geschäftigen Bar gleichen Namens. In Florenz kann man an vielen Orten Kaffee trinken, aber nur für den Kaffee bei Piansa nehme ich einen Umweg in Kauf. *»Questo non è un caffè, è un cioccolato.«* Das ist kein Kaffee, das ist Schokolade. Staderini beschreibt mir seine aktuelle Lieblingskaffeebohne: Nova Moca von der Inselgruppe São Tome im Golf von Guinea. Es handelt sich um eine seltene, sortenreine Bohne, deren niedrige Erträge seiner Meinung nach durch das einzigartig elegante und vielschichtige Aroma wettgemacht werden.

Staderini ist gekleidet im makellosen Stil älterer italienischer Männer – keine Krawatte, aber mit einem guten Wollpullover über einem gestärkten Hemd, das bis zum Kragen zugeknöpft ist. Hinter einer Brille mit Metallrand strahlen seine Augen, aber in seinem Lächeln liegt etwas Verletzliches, und er erscheint kleiner und zerbrechlicher, als ich ihn in Erinnerung habe. Ich rühre einen Löffel Zucker in den Kaffee und frage, wie es ihm geht. »Wie es mir geht? Ich habe meine Frau verloren.«

Anna war Staderinis Gefährtin im Leben und bei der Arbeit. »Wir sind immer zusammen gewesen. Sie kannte jeden, der ins Piansa kam, erinnerte sich an alle Namen. Sie war eine fantastische Köchin … sie bereitete Gerichte zu, die niemand mehr kocht: *spezzatino di polmone con alloro* (Eintopf aus Kalbslunge mit Lorbeerblättern); *anatra in porchetta con finocchio selvatico* (gebratene Ente mit wilden Fenchelsamen).«

Kurz nachdem er um 1950 nach Florenz gezogen war, lernte Staderini seine Frau kennen. »Das war damals eine andere Welt«, erinnert er sich. »Die Bar, in der ich arbeitete, war berühmt für ihren Espresso. Manchmal haben wir 5000 Tassen Kaffee am Tag verkauft. In den Nachkriegsjahren ging es der Wirtschaft blendend. Ein Kaffee kostete 20 Lire – das wäre heute etwa ein Cent –, und der Normalbürger konnte es sich endlich leisten, gemahlene Bohnen zu kaufen und mit nach Hause zu nehmen.«

CAFE DE GUATEMALA
ARC-03-T-

Staderini nimmt meine leere Tasse und bittet mich hinüber in den Raum, in dem der Kaffee geröstet wird. Als Erstes fällt mir auf, dass gerösteter Kaffee nicht genauso voll aromatisch duftet wie gebrühter Kaffee. Der Geruch ist warm, grün und rauchig, aber auch ein wenig wie frisch gebackenes Brot, das direkt aus dem Ofen kommt. Natürlich ist es mit Kaffeebohnen wie mit Oliven: Man möchte sie nicht unbedingt frisch vom Baum (oder Busch) genießen, und man bewundert das Genie, das herausgefunden hat, was man damit machen kann.

»Wie kann man gute rohe Bohnen von schlechten unterscheiden?«, frage ich. »Man muss sie betasten, in den Händen wiegen. Sie müssen schwer sein. Wenn sie leicht sind, sind sie innen hohl und schlecht. Wenn sie zu sehr nach Gras riechen, werden sie bitter. Wir überprüfen vielversprechende Bohnen mit einer kleinen Maschine, die pro Durchgang 100 Gramm röstet.«

Eine Seite des Raums ist mit Stapeln von 60-Kilogramm-Jutesäcken gefüllt. Die Namen ihrer Herkunftsorte sind aufgedruckt – darunter Santo Domingo, Äthiopien, Brasilien, Kilimandscharo, Kolumbien und Costa Rica. Jamaika Blue Mountain Kaffee kommt in Holzfässern, und Bohnen aus Venezuela werden in kleinen Holzkisten angeliefert. Ich bemerke, dass Staderinis Büro voller vergilbter Fotos von Kaffeeplantagen hängt. »Haben Sie einige dieser Orte besucht?«, frage ich. Er zuckt mit den Schultern, schließt die Augen, gibt ein Zischen von sich und schüttelt fast unmerklich den Kopf – die toskanische Art, nein zu sagen. *»Io in aereo non ci vado.«* Er ist noch nie geflogen und wird jetzt auch nicht mehr damit anfangen.

Staderini führt mich zur Röstmaschine, dem eigentlichen Grund meines Besuchs. »Wissen Sie, die Italiener sind eigentlich nicht die größten Kaffeetrinker der Welt, aber ich wette, dass sie die Anspruchsvollsten sind.« Ganz bestimmt sind sie das. Die Genauigkeit, mit der in einer Bar ein Kaffee bestellt wird, ist unglaublich. Ein einfacher Espresso wird schlicht Kaffee genannt, aber das ist nur der Anfang. Besagter Kaffee kann unter anderem sein: *lungo* (lang) oder *ristretto* (kurz); *macchiato* (»fleckig«); *caldo* oder *freddo* (mit heißer oder kalter Milch); *corretto* (»korrigiert« mit einem Schuss Grappa); *shakerato* (»geschüttelt« mit Eis und Zuckersirup); oder, in einer seiner beliebtesten Variationen, mit heißer, schäumender Milch übergossen und, im Falle von *cappuccino,* manchmal mit etwas Kakao bestreut.

Es versteht sich von selbst, dass die Qualität des Kaffees nicht allein vom Barmann abhängt, sondern vor allem von den Bohnen, aus denen er gemacht wird. Anders als industrielle Röster, die riesige Bohnenmengen schnell und bei extremer Hitze rösten, werden in der Torrefazione Piansa nur Mengen unter 60 Kilogramm geröstet. Theoretisch liegt die Röstdauer zwischen 18 und 20 Minuten. Praktisch sind die Kaffeebohnen in der Zeit fertig, die Staderini als *»l'attimo fuggente«* (den flüchtigen Moment) bezeichnet, wenn sie dampfen, aber nicht verbrannt sind, ihr Aroma süß ist, aber nicht nach Öl riecht, und ihre Farbe genau den richtigen Braunton hat. Gegen Ende des Röstens prüft Staderini etwa alle 20 Sekunden die Bohnen. Wenn die Bohnen fertig sind, spuckt die Maschine sie auf ein Sieb, wo sie schnell abgekühlt und per Hand verlesen werden. Verbrannte Bohnen steigen auf. Unreife Bohnen werden nicht richtig braun. Die gerösteten Bohnen lagern vor dem Verpacken vier Tage lang in Jutesäcken. »Sie müssen atmen. Wenn sie sich setzen, kann man sie im Sack knallen hören.«

Nach Staderini wird der beste italienische Kaffee aus einer Mischung von 80 Prozent Arabicabohnen und 20 Prozent Robusta hergestellt. Arabica ist teurer, weil er schwieriger anzubauen ist und nur in großen Höhen gedeiht, ist aber der Elegantere. Robusta ist offenbar nach seinem Geschmack benannt. »Er besitzt sehr viel mehr Koffein, kann holzig und säurehaltig sein, aber ein qualitativ hochwertiger Robusta rundet den Kaffee ab.« Er macht eine Pause und fügt hinzu: »Säure ist schlecht für den Magen, aber ein wenig Koffein ist gut für das Gehirn, es hilft, klar zu denken.«

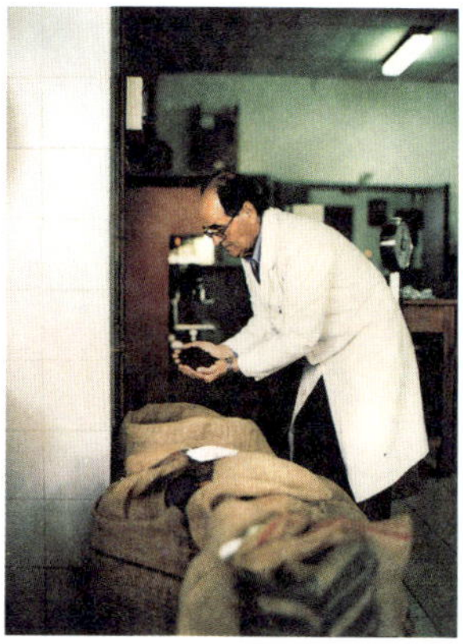

Ein echter Cappuccino

»Ein echter Cappuccino«, sagt Staderini, besteht zu zwei Dritteln aus Milch und zu einem Drittel aus Kaffee – und muss gut in eine 250-Milliliter-Tasse passen. Man darf ihn weder in einer Riesentasse servieren, noch darf er mit einem Liter kochend heißer, seifenschaumartiger Milch gekrönt werden (obwohl einige ausländische Kaffeehäuser, deren Namen wir hier besser nicht nennen, uns dies glauben machen wollen). Und zumindest in Italien ist er kein Ersatz für einen Kaffee nach dem Essen.

»Der Espresso sollte mit sieben Gramm gemahlenenen Bohnen zubereitet und der Hebel 15 bis 16 Sekunden, höchstens 20 Sekunden lang betätigt werden«, erklärt er. Der so gebraute Kaffee hat einen hellen, nussfarbigen Schaum. Die Milch muss Vollfettmilch sein und aufgeschäumt werden. »*Deve fare una crema*«, beharrt er und erklärt, dass gut aufgeschäumte Milch cremig fließend sei. Kakaopulver darüberzustreuen ist erlaubt.

ANATRA IN PORCHETTA CON SEMI DI FINOCCHIO

ANNAS GEBRATENE ENTE MIT FENCHELSAMEN

FÜR 4 PERSONEN

1 Ente, etwa 2 bis 2,5 kg
3 Knoblauchzehen, geschält
2 TL Salz
50 g fetter Prosciutto oder Schmalz, am Stück
2 EL Fenchelsamen
frisch gemahlener schwarzer Pfeffer
Olivenöl zum Bestreichen

Den Ofen auf 200 °C (Gas Stufe 6) vorheizen. Die Ente unter fließendem, kalten Wasser waschen und gründlich trocknen.

Den Knoblauch und das Salz in einen Mörser geben und mit dem Stößel zu einer festen Masse verreiben. Den Prosciutto oder das Schmalz fein schneiden. Mit den Fenchelsamen in den Mörser geben, mit Salz und Pfeffer abschmecken und zu Brei verarbeiten, bis alle Zutaten gemischt sind.

Die Paste auf der gesamten Ente verteilen und in die Hohlräume reiben. Die Haut vorsichtig mit Olivenöl bestreichen und die Ente in eine Bratpfanne legen. 1 1/2 Stunden im Ofen braten und zweimal wenden, bis sie gut gebräunt und durchgebraten ist – wenn man mit einer Gabel hineinsticht, sollten die herauslaufenden Säfte klar sein. Die Ente auf ein Brett oder eine Platte legen und vor dem Schneiden 15 Minuten ruhen lassen.

PANDIRAMERINO
BRÖTCHEN MIT ROSMARIN & ROSINEN

ERGIBT 6 STÜCK

20 g frische Hefe oder 7 g Trockenhefe
500 g Mehl
2 EL Streuzucker
1 Prise Salz
90 ml Olivenöl, etwas mehr zum Bestreichen
4 EL Rosmarinzweige
200 g Rosinen

Die Hefe in einer kleinen Schüssel mit 300 ml Wasser einweichen. Die Masse 10 Minuten stehen lassen. Die Flüssigkeit wird trüb und cremig.

Mehl, Zucker und Salz in einer großen Schüssel mischen. In der Mitte eine Mulde formen und die flüssige Hefe hineinschütten. Die Flüssigkeit mit einer Hand umrühren, die trockenen Zutaten von den Rändern der Mulde aus so lange rühren, bis sich ein grober Teig gebildet hat. Die Hände und die Arbeitsfläche mit Mehl bestäuben.

Den Teig auf der mit Mehl bestäubten Fläche so lange durchkneten, bis er weich und elastisch ist, etwa 7 bis 10 Minuten. Wenn die Masse zu klebrig wird, noch einmal Mehl dazugeben, falls sie zu trocken wird, mit Wasser besprenkeln.

Die Arbeitsfläche reinigen, den Teigball darauflegen und mit einem sauberen Tuch abdecken. Den Teig so lange gehen lassen, bis dessen Menge sich verdoppelt hat, 1 bis 1 1/2 Stunden.

In der Zwischenzeit das Olivenöl erhitzen und 2 TL Rosmarinblätter in einem kleinen Topf auf niedriger Flamme erhitzen, bis das Öl duftet (nicht anbrennen lassen). Das Öl abkühlen lassen, dann durchseihen und die Rosmarinblätter entfernen.

Den Ofen auf 200 °C (Gas Stufe 6) vorheizen. Wenn der Teig aufgegangen ist, mit den Händen herunterdrücken. Rosinen, restliche Rosmarinblätter und das durchgeseihte Öl hineingeben, dann den Teig ein paar Minuten lang durchkneten.

Den Teig in 6 Teile teilen. Runde Brötchen formen, auf ein leicht eingefettetes Backblech legen und 30 Minuten lang gehen lassen. Mit einem scharfen Messer ein Rautenmuster in die Brötchen schneiden. Vorsichtig mit Olivenöl bestreichen, 10 Minuten lang ruhen lassen und dann 30 Minuten lang backen, bis die Brötchen goldbraun sind. Auf einem Metallgitter abkühlen lassen.

Contrada La Tartuca

Die Contrada Tartuca in Siena

Ehrlich gesagt habe ich bis vor Kurzem den *palio* von Siena für eine jener »folkloristischen« Publicity-Veranstaltungen gehalten, denen ich lieber aus dem Wege gehe. Wir alle haben die Bilder schon gesehen: Das wilde Rennen um den Campo herum; das Gedränge der Menschen, die Fahnen schwingen, feiern, die sich auch auf Balkonen drängen und den Platz füllen; den mittelalterlichen Prunk; die glühende Sommerhitze. Um Himmels willen, wer setzt sich denn einem solchen Chaos freiwillig aus?

Andererseits war ich schon immer fasziniert von den *contrade* in Siena – der aus der Antike stammenden Unterteilung der Stadt in Bezirke – insgesamt sind es 17, jeder mit seiner eigenen Kirche, Wappen, Gemeindehaus, Brunnen, Museum und Stallungen. Das Pferd für den *palio* wird durch ein kompliziertes Verfahren gewählt. Dabei entscheidet hauptsächlich das Glück, die Kirche derjenigen *contrada,* in der das Pferd am Tag des Rennens von einem Priester gesegnet wird, und die *contrada* selbst. Diese veranstaltet am Abend des *palio* ihr eigenes Fest, an dem der Reiter, der Spielführer, alle möglichen Offiziellen, Förderer und alle teilnehmen, die bereit sind, einen angemessenen Betrag zu zahlen und sich so einen Platz am Tisch zu sichern.

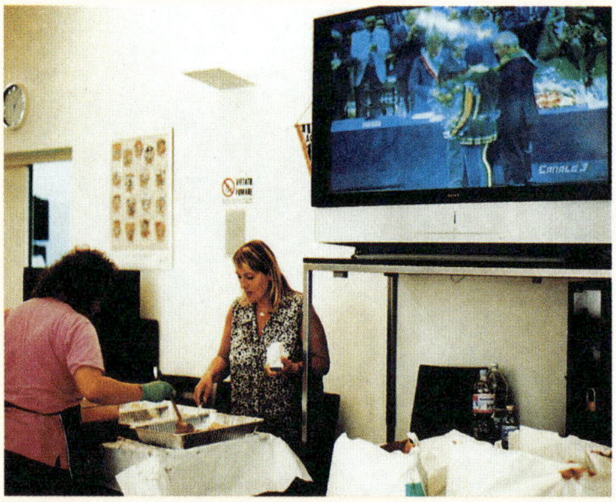
CANALE 3

Als ich das Touristenbüro in Siena anrufe und um Informationen bitte, werde ich zu einem diensteifrig klingenden Signor Gigli durchgestellt, der mir erklärt, dass an einem *palio* nicht mehr als zehn Pferde teilnehmen, und dass die Stadtteile, deren Pferde am Rennen teilnehmen, die größten Feste abhalten. »Wie viele Menschen nehmen teil?«, frage ich. Er zögert. *»Mille … mille cinquecento.«* 1000 bis 1500. »Wer ist zuständig für das Kochen?« »Die *contrada.*« »Ich weiß, aber wer denn genau?« – »Jeder macht etwas.« Ich versuche zu begreifen, warum Köche ehrenamtlich die Verantwortung für ein so riesiges Fest übernehmen wollen. Dies ist Italien und der gastronomische IQ ist hier wahrscheinlich höher als anderswo, aber doch ist es erstaunlich.

Ich löchere ihn mit Fragen. Welche *contrada* hat die besten Köche? Wer veranstaltet das üppigste Fest? *Aquila … bruco … drago … oca?* Adler, Seidenraupe, Drache, Gans? Ich habe schon mancherlei Insignien gesehen, die auf Fahnen durch die Stadt flatterten, aber bis zu diesem Zeitpunkt sahen die *contrade* für meine Begriffe immer noch alle ziemlich gleich aus. *»La Tartuca.«* Die Schildkröte. *»Perche*?«, frage ich. *»Ci possiamo dare del tu?«*, antwortet er mit einer Gegenfrage. Wenn man von einem Italiener das vertrauliche Du angeboten bekommt, hat man immer das Gefühl, einen Erfolg errungen zu haben. Es zeigt Vertrauen. »*La Tartuca* ist meine *contrada*. Sie ist die Einzige, für die ich sprechen kann.«

Das Fest soll Glück bringen, erklärt Antonio Gigli. »Es geht nicht so sehr um das Essen«, sagt er, und im gleichen Atemzug erzählt er mir, dass er und die anderen *contradaioli* 1300 *bistecche* auf dem Hauptplatz der *bontrada* über offenem Feuer grillen würden. »Weißt du, wir haben das *palio* 50 1/2 Mal gewonnen!« »Ein halbes Mal?«, frage ich. Gelächter. »1713, vor den Tagen der Zielkamera, hatten wir einen Gleichstand.« »Und dieses Jahr?« »Ah!« In seiner Stimme liegt ein Lächeln. »Luigi Bruschelli, Spitzname Trecciolini, ist unser Reiter. Er hat mehr *palios* gewonnen als jeder andere. *Il Cavallo* (das Pferd) ist ein Unbekannter.« Also gut, sage ich mir. Es ist Tartuca.

* * *

Am Morgen des Festes sind wir mit Antonio an der Porta Tufi, am südlichsten Stadttor, verabredet. Es ist ein Tag, von dem man im August kaum zu träumen wagt – um Mitternacht hat ein Gewitter die sommerliche Hitzeglocke weggefegt und die Luft ist jetzt so klar wie im Herbst. Auf den Straßen ist es ruhig, aber man merkt, dass wir uns auf dem Hoheitsgebiet der Tartuca befinden. Schildkröten überall: Auf blaugoldenen Fahnen, die von den *palazzi* herunterwehen; auf Seidentüchern, die jedem Lebewesen, an dem wir vorbeikommen, um den Hals gebunden sind; am Brunnen der *contrada,* wo eine bronzene Schildkröte einen Wasserstrahl speiht; geschnitzt in die Lehnen hölzerner Stühle auf dem Platz, wo das Bankett stattfinden wird.

Wir folgen Antonio über die von Bäumen gesäumte *piazza,* vorbei an großen, eisernen Kohlebecken voller Kleinholz, in das Gemeindehaus der Tartuca. Jede verfügbare Fläche ist in Beschlag genommen von Tabletts voller Lasagne und von langen Reihen weißer Plastikteller, auf denen Antipasti zusammengestellt werden. Eine Handvoll Frauen, die gebundene Schürzen über Schildkröten-T-Shirts tragen, schlängeln sich durch den Raum. Die Erste arrangiert vier Scheiben *bresaola* (Rinderschinken)

auf jedem Teller. Ein paar Schritte hinter ihr folgt eine Weitere mit einem Löffel voll *sott'aceti* (sauer eingelegtes Gemüse). Ein paar schwarze Oliven. Ein paar Walnüsse darübergestreut. »*La rucola, ancora no.*« Zu früh für den Rucola, verkündet eine hellblonde Frau, die sich als Aura vorstellt. »Wir wollen nicht, dass er welk wird.« Ich schaue zu ihrer Freundin Maria Irene, die aus einem riesigen Topf Soße auf eine Schicht hellgelber Nudeln löffelt. »Lass dich nicht von den riesigen Mengen täuschen. Das ist genau das gleiche Rezept, das wir für unsere Familien kochen.«

Die Damen haben ganz bestimmt Besseres zu tun, als herumzustehen und mit einem Eindringling darüber zu plaudern, was bei einer *contrada* zu tun ist, sie gewähren mir aber dennoch ein paar Minuten und stellen sich mit Namen und Spitznamen vor. Antonella *(Cascina)* erzählt mir stolz, dass sie in Castelvecchio, dem antiken Herzen der *contrada,* geboren wurde. Rosetta, die aussieht, als wäre sie etwa 60 Jahre alt, sagt, dass sie sich seit ihrer Jugend freiwillig für die Arbeit beim Tartuca-Palio gemeldet hat. »Stell dir vor. Ich schlafe im gleichen Zimmer, in dem ich geboren wurde. Ist das nicht unglaublich? Für mich ist es eine große Ehre.« Es scheint fast so, als ob die *contrada* eine geschlossene Gesellschaft wäre, in die man hineingeboren werden muss oder zumindest eingeheiratet haben muss. Das stimmt nicht ganz. Angela, eine Journalistin aus Bari, kam 1998 zum Studium nach Siena. Drei Jahre später wurde sie im Brunnen von Tartuca »getauft«. *»La contrada è una seconda famiglia«,* erklärt Angela. Eine zweite Familie. »Hier regiert die Gemeinschaft ... jeder ist freiwillig da ... niemand hat die Aufsicht.« Im Gemeindehaus gibt es am Dienstagabend Pizza, freitags wird ein Abendessen serviert. Der Erlös fließt zurück in die Kasse der *contrada.* Es ist beeindruckend. Beneidenswert.

* * *

Wir überlassen sie ihrem Mittagessen aus Knoblauch, Olivenöl und Chili (das den Freiwilligen vor Ort aus einer Plastikwanne gereicht wird) und schlendern zum Campo hinüber – einem einzigartigen Platz in Form einer Muschel, wo das Rennen und alle Proben abgehalten werden. Die Einheimischen wirken angespannt, etwas Fieberhaftes liegt in ihrem Blick. Es erinnert mich an Fußballfans beim Endspiel. Bei unserer Rückkehr in die Tartuca sind die Kohlegrills bereits angezündet, und jede Menge *contradaioli* warten am abgesperrten Rand des Stalls, versessen darauf, einen Blick auf ihr Pferd werfen zu können. Kinder tragen blaue T-Shirts mit Schildkröten und Tartuca-Schals, Frauen tragen alle Arten von Schildkröten-Insignien, von Diamantbroschen bis zu Haarspangen aus Schildpanzer. Es ist der 15. August, der Rest Italiens ist am Meer oder im Sommerurlaub. Siena bleibt daheim.

Klippklapp: Hufe auf den Pflastersteinen. »Shhh.« Die Menge teilt sich, um Platz zu machen für ein zartes, nervöses, braunes Pferd namens Elisir di Logudoro. Es herrscht absolute Stille – bis zu dem Augenblick, an dem das Pferd vorbeigegangen ist und die Menge sich hinter ihm schließt, Arm in Arm, die Köpfe hoch erhoben, lauthals singend, während sie durch die engen Gassen zum Campo schreiten.

Ohne Zweifel liegt Aggression in der Luft – und das ist nur der Anfang. Halbwüchsige sehen aus wie Soldaten, die in den Krieg ziehen, oder wie historische Feudalrivalen. Eines ist klar: Der *Palio* ist ganz sicher kein müdes Spektakel, das nur veranstaltet wird, um diejenigen unter uns zu unterhalten, die scharenweise nach Siena strömen, um dort im Prunk zu schwelgen. Ich fühle mich ein bisschen wie ein Paparazzo. Oder ein Störenfried bei einer Hochzeit. Zwei Stunden später nehmen 1300 Gäste ihre nummerierten Plätze an den langen Tischen ein, die auf dem Hauptplatz der Tartuca aufgestellt wurden. Es gibt Reden, Sprechchöre, Lieder, ausgelassenes Treiben. Der Jockey schüttelt jedem der 180 Freiwilligen der Tartuca die Hand. Unglaublicherweise erreichen die Steaks den Tisch außen anständig gebraten, innen saftig und rosa, zusammen mit einer Zitronenscheibe sowie grünem Salat mit Olivenöl und Salz. Auf jedem Tisch stehen Umschläge mit der Bitte um eine Geldspende, falls das Pferd der Tartuca gewinnt – gutes Geld in Höhe einer beliebigen Summe, die in monatlichen Raten zu zahlen ist. Bestechungsgeld? Wer weiß. Die Regeln bei diesem Spiel sind in der Tat archaisch.

* * *

Das Rennen selbst – ein verrücktes, halsbrecherisches Kräftemessen, bei dem jeder mitmachen darf – dauert nur 90 Sekunden. Am Ende gewinnt Elisir di Logudoro den *Palio* nicht – sondern das Pferd der *Contrada La Selva*. Die Gewinner rennen zur Kathedrale, um auf die Ankunft der seidenen Fahne des siegreichen *Palio* zu warten. Die *contradaioli* der Tartuca haken einander unter und treten den Heimweg an.

BISTECCA ALLA BRACE
GRILLSTEAK

FÜR 2 PERSONEN

750 g T-Bone- oder Beefsteak aus der Rippe mit Knochen

Meersalz und frisch gemahlener schwarzer Pfeffer

2 EL Olivenöl

1 Zitrone, in Schnitze geteilt

Das Fleisch 2 bis 3 Stunden vor dem Grillen aus dem Kühlschrank nehmen, damit es Zimmertemperatur annimmt. Auf einem mittelheißen, offenen Feuer oder auf dem Grill zubereiten.

Das Steak 5 bis 7 Minuten oder bis es außen braun und saftig ist, ohne es zu wenden, auf das offene Feuer oder den Grill legen. Wenn die Kohlen auflodern, diese mit Wasser einsprühen. Das Fleisch umdrehen und salzen. Noch einmal 5 bis 7 Minuten braten.

Das Fleisch auf ein Brett legen, mit Salz und Pfeffer bestreuen und mit Olivenöl beträufeln. Mit Zitronenschnitzen servieren.

RAPE SALTATE
SAUTIERTER STÄNGELKOHL

FÜR 4 PERSONEN

2 kg Cime di Rapa (oder jungen Brokkoli)

Meersalz

3 EL Olivenöl

2 Knoblauchzehen, zerdrückt

Die Blüten und zarten Blätter des *Cime di Rapa* oder des jungen Brokkoli abschneiden. In einen Topf mit leicht gesalzenem kochendem Wasser geben und 5 Minuten lang kochen, dann gut abtropfen lassen. Wenn es ausreichend abgekühlt ist, das Grünzeug grob zerkleinern.

Das Olivenöl und den Knoblauch in einer großen Bratpfanne erhitzen. Wenn der Knoblauch goldbraun geworden ist, das Grünzeug dazugeben, mit Salz abschmecken und auf hoher Flamme sautieren, bis das Öl aufgenommen wurde und alle Flüssigkeit aus dem Topf verdampft ist.

LASAGNE AL FORNO
LASAGNE

FÜR 6 BIS 8 PERSONEN

Für die Fleischsoße

3 EL Olivenöl
1 gelbe Zwiebel, fein geschnitten
1 Karotte, fein geschnitten
1 Selleriestange, fein geschnitten
1 Knoblauchzehe, zerquetscht
1 kg mageres Rinderhackfleisch
250 g mageres Schweinehackfleisch
2 Lorbeerblätter
Meersalz und frisch gemahlener schwarzer Pfeffer
400 g Tomaten aus der Dose, zerkleinert

Für die Béchamelsoße

50 g Butter
40 g Mehl
1 l Milch
1 großzügige Prise Salz
1 Prise frisch gemahlener Muskat

Für den Nudelteig

500 g getrocknete Lasagneblätter oder 1 frischer Nudelteig (siehe Seite 164), hergestellt mit 500 g ungebleichtem Mehl
5 Eier und Meersalz

Zum Fertigstellen

Butter zum Einfetten der Form
250 g Parmesan, frisch gemahlen

Zur Zubereitung der Soße das Olivenöl in einem großen Topf mit schwerem Boden erwärmen. Zwiebel, Karotte, Sellerie und Knoblauch dazugeben und auf mittlerer Flamme unter mehrmaligem Rühren kochen, bis alles weich ist. Das Hackfleisch in den Topf geben und es mit einem Holzlöffel zerdrücken. Lorbeerblätter, Salz und eine großzügige Prise Pfeffer dazugeben. Die Flamme höher stellen und gut umrühren, bis das Fleisch gleichmäßig braun geworden ist. 250 ml Wasser dazugeben. Wenn die Flüssigkeit aufkocht, die Hitze reduzieren und halb zugedeckt 45 Minuten lang köcheln lassen, gelegentlich umrühren.

Die Tomaten dazugeben und auf niedriger Flamme köcheln, bis die Soße eindickt, etwa 45 Minuten. Die Lorbeerblätter entfernen.

Zur Zubereitung der Béchamelsoße die Butter auf kleiner Flamme in einem Topf zerlassen. Das Mehl dazugeben und 2 bis 3 Minuten ständig rühren, bis alles eingedickt, aber noch nicht braun ist. Die Milch in einem weiteren Topf so weit erwärmen, dass sie fast am Kochen ist. Die Milch langsam auf die vorbereitete Masse gießen, so lange ständig rühren, bis alles glatt ist. Salz und Muskat dazugeben und unter ständigem Rühren kochen lassen, auf kleiner Flamme etwa 3 bis 4 Minuten rühren, bis die Soße cremig und dick genug ist, dass sie von einem Löffel tropft. Von der Flamme nehmen und zum Abkühlen beiseitestellen.

Wenn Sie selbstgemachten Nudelteig verwenden, den Teig mit der Hand oder der Maschine ausrollen (die Anweisungen auf Seite 165 befolgen) und in 12 Blätter schneiden (30 cm x 7,5 cm).

Die Lasagneblätter in einem großen Topf mit Salzwasser kochen. Hausgemachte Blätter brauchen nur 1 Minute; trockene Lasagneblätter müssen gekocht werden, bis sie fest und al dente sind. Die Pastablätter sofort abschütten, mit kaltem Wasser abschrecken und auf sauberen Küchentüchern trocknen lassen.

Den Ofen auf 180 °C (Gas Stufe 4) vorheizen. Zur Fertigstellung der Lasagne eine Form der Größe 23 x 30 cm einfetten. Einen großen Schöpflöffel voll Fleischsoße beiseitestellen.

Den Boden der Form mit einer dünnen Schicht Béchamelsoße bedecken. Eine Schicht Lasagneblätter auf die Soße geben. Ein Drittel der restlichen Fleischsoße mit einem Löffel darübergeben, mit einem Drittel der restlichen Béchamelsoße bedecken und großzügig mit Parmesan besteuern. Diese Abfolge zweimal wiederholen (Lasagneblätter, Fleischsoße, Béchamelsoße, Parmesan).

Eine letzte Lage Pasta darauflegen, mit der restlichen Fleischsoße bedecken und mit Parmesan bestreuen. Auf dem mittleren Rost des Ofens backen, bis sie hellbraun ist und sich Blasen bilden, etwa 30 Minuten. Die Lasagne 30 Minuten ruhen lassen, dann in Portionen aufteilen und servieren.

PANNA COTTA CON FRUTTI DI BOSCO
PANNA COTTA MIT BEERENSOSSE

FÜR 6 PERSONEN

Für die Panna Cotta

2 TL gemahlene Gelatine
500 ml Sahne
150 ml Milch
100 g Streuzucker
1 TL Vanilleextrakt

Für die Beerensoße

500 g Beerenmischung (Erdbeeren, Himbeeren etc.), gewaschen
75 g Streuzucker

Zur Zubereitung der Panna Cotta zwei EL kaltes Wasser in eine kleine Schüssel geben, die Gelatine hineinstreuen und 10 Minuten einweichen.

Sahne, Milch, Zucker und Vanille in einem Topf mit schwerem Boden verrühren. Auf mittlerer Flamme rühren und erhitzen, bis sich der Zucker aufgelöst hat; nicht kochen lassen. Die Flamme herunterdrehen und sofort die Gelatine hineinrühren, bis diese sich vollständig aufgelöst hat.

Die Masse in 6 Schälchen oder Puddingschüsselchen geben. Zudecken und über Nacht kalt stellen.

Zur Zubereitung der Soße die Beeren und den Zucker in einen Topf geben und vorsichtig mit einem Holzlöffel zerdrücken. 10 Minuten ruhen lassen, dann 60 ml Wasser unterrühren. Leicht kochen lassen, bis der Zucker gelöst ist und die Beeren weich sind. Vor dem Servieren abkühlen lassen.

Zum Servieren den Boden jeder Schüssel etwa 20 Sekunden lang in heißes Wasser tauchen, dann mit einem Messer um den Rand jeder Panna Cotta fahren und auf ein Brett stürzen. Die Beerensoße darüberlöffeln und servieren.

LISTA DELLE RICETTE

ANTIPASTI

PRIMI

SECONDI

CONTORNI

CONDIMENTI ECC

DOLCI

REZEPTVERZEICHNIS

Wo Sie die Hersteller finden

1 Gianluca Paoli (S. 10)
2 Roberto Ballini (S. 20)
3 Salvatore & Giovanni Cannas (S. 26)
4 Massimo Biagi (S. 36)
5 Cooperativa Agricola Paterna (S. 42)
6 Fausto Guadagni (S. 52)
7 Gionni Pruneti (S. 58)
8 Mario Mariani (S. 68)
9 Sergio Pollini (S. 76)
10 Contini Bonacossi (S. 82)
11 Paolo Fanciulli (S. 90)
12 Andrea Bertucci (S. 100)
13 Famiglia Tistarelli (S. 106)
14 Coltivatori di Carciofi di Chiusure (S. 116)
15 Margherita & Francesca Padovani (S. 124)
16 Silvano Mugnaini (S. 134)
17 Famiglia Busatti Sassolini (S. 142)
18 Giovanni Fabbri (S. 150)
19 Walter Tripodi (S. 156)
20 Dante Milani (S. 168)
21 Luciano Casini (S. 176)
22 Famiglia Frullani (S. 184)
23 Fabrizio Tiribilli (S. 190)
24 Pietro Staderini (S. 198)
25 Contrada La Tartuca (S. 206)

Adressverzeichnis

Trattoria Coco Lezzone
(Gianluca Paoli)
Via del Parioncino, 26/r
50123 Florenz (FI)
+39 055 287178

Azienda Agricola Ballini
(Roberto Ballini)
Via della Parata - Loc. Monte Grosso
57030 Cavo - Elba (LI)
+39 0565 949836
www.ballini.com

Fattoria Lischeto
(Salvatore & Giovanni Cannas)
Loc. San Giusto
56048 Volterra (PI)
+39 0588 30403
www.agrilischeto.com

Peperoncino (Massimo Biagi)
Via Parigi, 8
56124 Pisa (PI)

Paterna (Marco Noferi)
Cooperativa Agricola Valdarnese
Località Paterna, 96
52028 Terranuova Bracciolini (AR)
+39 055 977052
www.paterna.it

Larderia Colonnata di Fausto Guadagni
Via Comunale, 4
54030 Colonnata (MS)
+39 0585 768069

Azienda Agricola Pruneti
(Gionni Pruneti)
Via Case Sparse, 22
50020 San Polo in Chianti (FI)
+39 055 855319
www.pruneti.it

Tripperia Pollini (Sergio Pollini)
Via dei Macci
50122 Firenze (FI)

Tenuta di Capezzana
(Conti Contini Bonacossi)
Via Capezzana, 100
59015 Carmignano (PO)
+39 055 8706005
www.capezzana.it

Pescaturismo (Paolo Fanciulli)
Porto di Talamone
58010 Talamone (GR)
+39 333 2846199
www.ansedoniaonline.it

Osteria Vecchio Mulino
(Andrea Bertucci)
Via Vittorio Emanuele, 12
55032 Castelnuovo Garfagnana (LU)
+39 0583 62192
www.ilvecchiomulino.com

Aia della Colonna
(Famiglia Tistarelli)
Località USI
58050 Santa Caterina (GR)
+39 0564 986110
www.aiacolonna.it

Mario Mariani Artigiano Terrecotte
Via di Cappello, 29
50023 Impruneta (FI)
+39 055 2011950

Coltivatori di Carciofi di Chiusure
Associazione Castello di Chiusure
53020 Chiusure (SI)
+39 0577 707071

Azienda Agricola Campi di Fonterenza (Margherita & Francesca Padovani)
Località Fonterenza
99 Sant'Angelo in Colle
53020 Montalcino (SI)
+39 0577 844248
www.fonterenza.com

Busatti (Famiglia Busatti Sassolini)
Via Mazzini, 14
52031 Anghiari (AR)
+39 0575 788013
www.busatti.com

Pastificio Artigiano Fabbri
(Giovanni Fabbri)
Piazza Emilio Landi, 17
50027 Strada in Chianti (FI)
+39 055 858013
www.pastafabbri.it

La Frateria di Padre Eligio
(Walter Tripodi)
Convento di San Francesco
53040 Cetona (SI)
+39 0578 238261
www.lafrateria.it

Dante Milani
Via Matteotti, 52
58025 Monterotondo Marittimo (GR)
http://digilander.libero.it/milani dante

Il Chiasso (Luciano Casini)
Vicolo N. Sauro, 9
57031 Capoliveri - Elba (LI)
+39 0565 968709

Fattoria La Piastra
(Famiglia Frullani)
Via Provinciale Torri di Popiglio - Loc. Casetta
51024 Cutigliano (PT)
+39 0573 68443

Radicchio Rosso
(Fabrizio Tiribilli)
Via O. Marrucci, 58a
57023 Cecina (LI)
+39 0586 635671
www.radicchiorosso.com

Torrefazione Piansa
(Pietro Staderini)
Via Meucci, 1
50015 Bagno a Ripoli (FI)
+39 055 645774
www.caffepiansa.com

Contrada La Tartuca
Via Pendola, 28
53100 Siena (SI)
www.tartuca.it

DANKE

Brotsuppe & Bohnen wurde während der Entstehungsphase durch viele helfende Hände unterstützt. Als wir mit unseren frühen schwärmerischen Träumereien zu Quadrille kamen, verstand unsere Verlegerin Jane O'Shea schon vom ersten Augenblick an das Wesen unseres Vorhabens. Danke, Jane, dass du davon überzeugt warst, in dieser Welt sei noch Platz für ein weiteres Buch über die Toskana, und dass wir so gut zusammengearbeitet haben. Tief empfundenen Dank an unsere Lektorin Janet Illsley, die stets genau darauf achtete, dass wir die richtige Ausdrucksweise wählten. Unser Freund Lawrence Morton fertigte aus Bildern, Prosa und Rezepten ein wunderschönes Heim für die Porträts, in dem jedes sowohl einzeln strahlen konnte als auch Teil eines größeren Ganzen wurde.

Cara, dolce Lisa Bartolomei, deine Freundschaft ist ein ständiger Quell der Freude – *grazie* für die Bereitwilligkeit, mit der du deine eigene wichtige Arbeit zurückgestellt hast, um an unserer zu arbeiten und das Italienisch auf Fehler, Ausrutscher und Schnitzer überprüft hast. Wir sind unserer Freundin und Meisterbäckerin Claire »Kuchen« Ptak, dankbar, weil sie dafür gesorgt hat, dass die *dolci* in diesem Buch bei den Lesern daheim genauso köstlich gelingen würden wie in der Toskana – und dafür, dass sie fröhlich mitten im Winter Beeren gesucht hat. Stefano Landi, *grande amico,* rettete mich mit seiner Kamera aus der Misere, als er an einem warmen Sommerabend in Impruneta für Jason einsprang und Mario Mariano dabei fotografierte, wie er Terrakottagefäße brannte und *peposo* für seine Freunde zubereitete. Einen großen Dank an Laura Hynd, die es fertigbringt, Jasons chaotisches Berufsleben in geordnete Bahnen zu lenken; und an Khadija Atif, die uns dabei hilft, dass unser Haus in Podere Sala ein Zuhause bleibt.

Einige der in diesen Porträts beschriebenen Menschen kennen und bewundern wir schon seit Jahren. Andere haben wir durch unsere jahrelange Schatzsuche in der Toskana entdeckt. Die gute Arbeit der toskanischen Agentur ARSIA (Gesellschaft für Entwicklung und Innovation in der Landwirtschaft) führte uns nach Monterotondo Marittima und zu den außergewöhnlichen Messern von Dante Milani. Durch einen glücklichen Zufall und Ryanair kreuzte Heather Jarmans unseren Weg. *Grazie* Heather, für deine Gastfreundlichkeit und dafür, dass du dein Leben in der Garfagnana mit uns geteilt hast. Es gibt dort Stoff für ein ganzes Buch – du solltest es schreiben. Carla Capalbos

ausgezeichnetes Buch »The Food Lover's Companion to Tuscany« war mir zehn Jahre lang eine wertvolle Stütze. Vielen Dank an die Anwälte des Slow Food, Paolo Saturnini, Alessandro Draghi und Roberto Tonini dafür, dass sie uns mit einigen ihrer liebsten Menschen bekannt gemacht haben. *Mille Grazie* an Hugh Cook, den großzügigsten und talentiertesten Gärtner, den wir kennen, dafür, dass er uns zu Massimo Biagi und seiner unglaublichen Chilisammlung geführt hat.

Während der Arbeit an diesem Projekt erinnerten wir uns mehrmals gegenseitig daran, eine Liste all jener Menschen aufzustellen, die uns so großzügig ihre Hilfe angeboten haben. Teile dieser Liste befinden sich auf Papierschnipseln, die zwischen die ramponierten Seiten vieler Notizbücher gesteckt und auf die Ränder von Landkarten gekritzelt wurden, die nie bei uns zu Hause angekommen sind. An all die Schutzengel, deren Namen wegen unserer eigenen Schusseligkeit und schlechten Organisation auf diesen Seiten nicht erwähnt sind – unsere aufrichtige Entschuldigung und unseren Dank.

Unsere Familie und Freunde waren unsere größte Stütze. Eine tiefe Verbeugung vor unserem Schwager Ross, dessen Geduld und Großzügigkeit im Geiste keine Grenzen kennt; und an alle, die sich um unsere Kinder gekümmert, unsere Körper und Seelen genährt haben und uns in unsere Schranken verwiesen haben, wenn es hoch herging. An unsere Kinder Julien, Michela und Rae, die mit Begeisterung riesige Mengen von Wildschweineintopf aßen, Pappardelle mit Hasensoße und was sonst so an den Tagen, an denen Rezepte getestet wurden, auf dem Speisezettel stand; dafür, dass sie verstanden, wie viel es uns bedeutet hat, an einem Projekt zu arbeiten, das uns so sehr am Herzen lag. Dieses Buch ist auch für euch.

An euch alle, die uns Zutritt zu euren Werkstätten, auf eure Felder, in eure Küchen und Häuser gewährt habt, damit eure Arbeit auf diesen Seiten lebendig werden kann: Danke dafür, dass ihr uns eure Geschichten erzählt und euer Wissen weitergegeben habt. Wir verehren eure Arbeit und eure Lebenshaltung. Danke, dass ihr das Land liebt, Traditionen erhaltet, Grenzen überwindet und euch selbst und euren Visionen von einem lebenswerten Leben treu bleibt. Und schließlich dafür, dass ihr uns daran erinnert, dass es noch immer so viele gute Menschen auf dieser Welt gibt.

Die englische Originalausgabe erschien 2007 bei
Quadrille Publishing © Quadrille Publishing Ltd, England

www.collection-rolf-heyne.de

Übersetzung aus dem Englischen: Viola Löbig, Frankfurt am Main
Weitere Fotografien: Stefano Landi (S. 4, S. 68, S. 72, S. 73 unten links)
Coverabbildung © Udo Bernhart

Printed in China

ISBN 978-3-89910-424-0